조선의 천재 화가 장승업

조선의 천재 화가 장승업

ⓒ 은미희, 2005

초판 1쇄 발행일 | 2005년 11월 25일
초판 2쇄 발행일 | 2007년 9월 14일

지은이 | 은미희
펴낸이 | 김현주
펴낸곳 | 이룸

편 집 | 이슬아
디자인 | 박상아
제 작 | 김동영 · 조명구

출판등록 | 1997년 10월 30일 제10−1502호
주소 | 121−840 서울시 마포구 서교동 395−172 상록빌딩 2층
전화 | 편집부 (02)324−2347, 영업부 (02)2648−7224
팩스 | 편집부 (02)324−2348, 영업부 (02)2654−7696
e−mail | erum9@hanmail.net
Home page | http://www.erumbooks.com

ISBN 89−5707−157−1 (44990)
    89−5707−093−1 (set)

값 7,500원

청소년
평전23

조선의 천재 화가 장승업

은미희 지음

이룸

차 례

1. 진흙 속에 묻혀 있던 보석을 발견하다

승업의 시선은 자꾸만 이응헌이 앉아 있는 사랑방으로 날아갔다. 승업의 주인어른인 이응헌의 방에는 오늘도 매화 향이 나는 듯했다. 방 아랫목에 놓여 있는 열두 폭짜리 병풍 속의 매화는 금방이라도 난분분하게 꽃잎을 날릴 것처럼 탐스러운 꽃송이를 주렁주렁 매달고 방을 환히 밝혀 주고 있었다.

이응헌에게는 매화 그림 말고도 많은 그림들이 있었다. 중국과 조선의 진귀한 고서화를 수집하는 게 이응헌의 취미였고, 그 취미는 장안에서도 으뜸으로 칠 만큼 정평이 나 있었다. 그 그림을 보기 위해 장안의 이름난 선비들이나 화원들은 이응헌의 사랑방을 제 방 드나들 듯했다. 이응헌 또한 인색하지 않아 그림을 숨겨 놓고 혼자 보지 않았다. 아니, 오히려 이응헌은 자신이 어렵게 수집한 그림들을 은근히 자랑하고 싶어했다. 때문에 그림을 좋아하는 선비들을 불러 그림을 함께 감상하기도 하고, 그림에 대해서 나름대로 식견을 나누거나, 그림 실력을 겨루기도 했다.

이응헌이 가지고 있는 그림들은 참으로 다양했다. 눈초리가 날카로운 매의 그림도 있었고, 산이 울뚝불뚝 요상하게 솟아오른 산수화도 있었으며, 도포 자락을 늘어뜨린 채 이상한 표정으로 산속을 거니는 노인의 그림도 있었다. 또한 꽃과 나비와 풀벌레 그림도 있었다. 기이하게 뭉쳐진 기암괴석들 사이사이로 부드러우면서도 힘차게 뻗어 나간 난초들은 살아 있는 듯 생동감이 넘쳐 보였고, 이를 감상하는 주인 어른 이응헌과 손님들의 진지한 표정 또한 승업의 마음을 사로잡았다.

어떤 화원은 눈을 가느다랗게 뜨고 이응헌이 중국에서 가져온 그림을 쳐다보았고, 어떤 선비는 심각한 표정으로 이응헌이 아끼는 추사 김정희의 그림을 보았다. 그림 속의 필법과 색감과 구도를 흉내 내려는 듯 그림을 바라보는 사람들의 손이 그림 속의 필선을 따라 알 듯 모를 듯 움직이곤 했다. 그럴 때마다 승업은 이응헌의 곁에서 먹을 간다거나 잔심부름을 하면서 이응헌이 수집한 진귀한 그림들을 눈동냥 할 수 있었고, 그림을 그리는 선비들을 보며 붓의 놀림과 먹의 사용을 익히게 되었다.

승업은 문득 알 수 없는 설렘을 느꼈다. 가슴에서부터 퍼져 나가는 두근거림은 이내 온 전신을 휘감고 돌며 승업을 가만히 내버려 두지 않았다. 어떨 때는 그 설렘 탓에 아무 일도 할 수 없었다. 그랬다. 승업은 그림을 그려 보고 싶었다. 자신이 그림을 그린다면 주인인 이응헌이 가지고 있는 그림보다 더 잘 그릴 수 있을 것만 같았다. 그림이되 만지면 살아 있는 질감이 느껴지고, 손끝에 온기가 감지되는 그런 그림을 말이다. 단단하면서도 매끄러운 대나무의 몸통과, 손등을 간질이는 새의 깃털과, 신선들이 머금고 있는 신비한 미소를 그림으로 표현하는 일은 참으로 근사한 일일 것이다.

하지만 그림을 그린다는 것은 어림없는 일이었다. 머슴살이를 하는 자신의 형편에 그림은 가당치도 않은 것이었다. 그림은 양반들과 돈 많은 재력가들이 취미 삼아 수집하거나 소일거리 삼아 하는 품격 높은 놀이였고, 자신들의 완곡한 의사 표현 수단이기도 했다. 게다가 승업 같은 머슴들은 붓과 벼루를 장만하기도 쉽지 않은 일이었다.

오늘도 손님들은 자못 기대되는 표정으로 방안에 빙 둘러앉아 있었다. 얼마 전 이응헌이 많은 돈을 주고 구해 온 중국의 유명한 화가들의 그림을 구경하기 위해 온 손님들이었다. 손님들과 이야기를 주고받는 이응헌의 표정에 은근한 자부심이 깃들어 있었다. 다른 사람들은 진품은 물론 사본도 제대로 구경할 수 없는 데 반해, 자신은 소장까지 할 수 있었으니 자랑은 당연한 일이었다. 사람들도 그런 이응헌이 부러운 눈치였다. 게다가 장롱 속에 깊숙이 감춰 둔 채 혼자만 감상하지 않고 이렇듯 자신들을 초대해 직접 볼 수 있는 기회를 주니 더없이 고맙다는 표정으로 이응헌에 대한 칭찬을 아끼지 않았다.

이응헌은 문갑 안에 깊숙이 넣어 두었던 붉은 비단 표지의 화첩을 조심스럽게 꺼내 손님들 앞에 펼쳐 놓았다. 행여 어느 한곳 구겨지고 찢어질세라 화첩을 만지는 이응헌의 손은 아주 신중했다. 한눈에 보기에도 그 화첩은 꽤나 귀중해 보였다. 방안에 모인 사람들의 시선이 모두 그 화첩에 모아졌다.

승업도 사람들의 어깨너머로 그 화첩을 훔쳐보았다. 주인어른은 그 화첩을 사람들이 잘 볼 수 있도록 펼쳐 들고는 잠깐 사람들의 표정을 살폈다. 그러고는 천천히 화첩의 표지를 넘기기 시작했다. 방 안에 모인 사람들이 이응헌의 손놀림에 다들 숨을 죽인 채 화첩의 그림들을 빨아들일 듯 쳐다보았다. 그 어느 때보다도 그들의 눈이 호기심으로 빛났다. 첫 번째 그림은 이상한 형상의 물체들이 뭉툭하게 그려져 있었다. 이응헌은 이상하게 생긴 그 물체를 두고 나무라고 했다. 한 장한 장 넘기면서 그림에 대해 상세하게 설명하는 이응헌의 나직나직한 말에 손님들은 '호오' 하고 감탄사를 내뱉거나 고개를 주억거리며 부러운 듯 그림들을 들여다보았다.

승업은 이응헌과 손님들이 나누는 대화에 귀를 기울였다.

"이것이 그러니까 그 유명한 양주팔괴(楊州八怪)의 그림이란 말이죠?"

"저는 그리 알고 구했습니다. 설마 조선의 사절과 함께 간 저한테까지 가짜를 주었겠습니까?"

한 선비의 말에 이응헌은 자못 위엄 있는 목소리로 대답했다.

"허허, 양주팔괴라 함은 청나라의 여덟 괴짜들을 가리키지 않습니까? 더욱이 이들의 화풍은 개성이 매우 강하고 특이할 뿐만 아니라 기존의 제도나 화법 따위를 무시하기로 소문이 나 있지 않습니까?"

"그렇지요. 청나라의 강남과 양주 지방에서 활동하는 여덟 명의 화가를 일컬어 양주팔괴라 하지요. 어떤 이는 왕사신과 이선, 황신, 김농, 정섭, 나빙, 고봉한, 화암을 일컫기도 하고, 어떤 이는 고봉한과 화암 대신 고상과 이방응, 그리고 민정과 고기패를 넣기도 하고 빼기도 하지요."

"정말 듣던 대로 화필이 자유분방합니다그려."

사람들은 연방 고개를 끄덕이며 화첩 안의 그림들을 보고 또 보았다.

"참 용하십니다. 어떻게 이 귀한 물건을 구하셨습니까?"

"내 일찍이 양주팔괴의 소문을 들었지요. 그들의 호방한 필치가 궁금했는데 마침 이번에 청나라에 갈 기회가 생겨 미리 사람들에게 부탁해 놓았습니다."

"그랬군요. 과연 듣던 대로 대륙의 기운이 느껴집니다."

이응헌의 표정에 알 듯 모를 듯 자랑스러운 기운이 서려 있었다.

승업은 사람들의 어깨너머로 그림들을 훔쳐보았다. 사람들의 말처럼 나무인지 바위인지 분간하기 힘든 기암괴석이 화면의 여기저기를 차지하고 있고, 어떤 그림에서는 매화를 감상하는 산 까치들이 금방이라도 날아오를 듯 날개에 바람을 싣고 있었다.

"이들 양주팔괴 말고도 중국에서는 지금 실험적인 그림들이 한창 유행한다지요. 신흥도시인 상해를 중심으로 급속히 발전하고 있는 해상파는 물론이요, 광동성을 중심으로 한 거소와 거렴 형제의 화풍 또한 중국의 화단을 활력 넘치게 한다고 들었습니다."

"거소와 거렴 형제의 화풍을 일컬어 영남학파라고 한다는데, 기회가 된다면 꼭 그 그림들을 보고 싶습니다."

"우리가 아직 추사 선생의 그늘에서 벗어나지 못하고 있는 데 반해 중국은 한발 앞서 가는군요."

한 선비의 말처럼 조선 화단은 그때까지도 추사 김정희가 이끌던 남종화가 대세를 이루고 있었다. 그러니까 영조와 정조 임금이 나라를 이끌어 가던 때만 해도 겸재 정선이나 단원 김홍도, 혜원 신윤복 같은 걸출한 화가들이 등장하면서 산수화나 백성들의 일상적인 모습을 담은 풍속화가 유행하였지만 순·철종 시대에 들어서면서부터는 사실적인 풍경을 담은 실경 산수화나 진경 산수화가 풍속화와 함께 급격히 쇠퇴하고, 대신 추사 김정희를 중심으로 청나라 말에 유행했던 남종화류 산수화가 조선 화단에 널리 퍼지게 되었다.

이들이 가장 중요시한 것은 '서권기 문자향(書卷氣 文字香)' 이었다. '서권기 문자향'이란, 말 그대로 '서책의 기운'과 '문자의 향기'라는 뜻이었다. 다시 말해 그림을 그리려는 대상의 사실적인 묘사보다는 선비가 마음속에 품은 뜻을 그림으로 표현하는이 중요하다는 것이다. 이 같은 화풍을 남종화라 했다.

남종화의 특징 가운데 하나는 진한 채색을 사용하지 않는다는 것이었다. 단지 먹의 농담만으로 선비가 마땅히 지녀야 할 기개와 절개를 상징적으로 드러냈고, 채색을 사용할 때는 그들이 담고 있는 좋은 책의 기운과 문자의 향기가 사라지지 않을 만큼 엷게 사용해야 했다. 이를테면 남종문인화란 학문이 깊은 문인들이나 선비들이 그림을 직업으로 삼지 않고 취미 삼아 그린 그림을 가리키는 것이었다. 이들이 주로 그린 그림들은 수묵화이거나 사군자였다. 때로는 엷은 채색을 사용하여 사실적인 풍경보다는 선비가 꿈꿔야 할 이상향이나, 선비라면 마땅히 갖춰야 할 곧은 품성과 고아한 인격을 상징적으로 드러내기도 했다. 그에 반해 채색이 두드러진 북종화는 직업 화가가 즐겨 그리는 격이 낮은 그림으로 홀대 받았다.

"우리도 서권기 문자향만 고집해서는 안 될지 모르겠군요."

얼굴이 기름한 한 선비가 탄식하듯 말을 꺼냈다.

"그러게 말입니다. 전통을 지키는 일도 중요하지만 그보다는 옛것에서 새로운 것을 발견하고 이를 더욱 발전시켜 후세에 물려주는 일도 우리가 해야 할 의무가 아닌가 생각됩니다."

"온고지신이라는 말씀이군요."

"그렇지요. 국내외 정세만 보더라도 숨 가쁘게 돌아가는데 우리만 고집스럽게 변화를 거부하고 있다는 반성이 들기도 합니다."

"허허. 거 말씀들이 너무 앞서 가십니다. 추사 선생께서 들으시면 매우 섭섭해 하시겠습니다."

변화를 모색해야 한다는 말에 고개를 끄덕이는 사람도 있었고, 선비로서 추사 선생의 엄격한 화풍을 따라야 한다는 말에 고개를 끄덕이는 사람도 있었다. 그러나 이내 사람들은 진지한 표정으로 중국에서 가치를 더해 간다는 양주팔괴의 그림들을 보았다.

사람들의 어깨너머로 그림을 훔쳐보는 승업의 눈빛이 매의 눈빛을 닮아 있었다. 한번 발견한 먹잇감은 절대 놓치지 않는다는 매의 집요함과 날카로움이 그 눈빛 속에 들어 있었다. 승업의 머릿속에는 그 그림들이 새겨지기 시작했다. 이상한 모양으로 구부러진 나무하며, 바위인지 나무인지 헷갈리는 뭉툭한 바위와, 연꽃이 흐드러지게 피어 있는 연못과, 그 위에 휘휘 늘어진 버드나무까지 승업의 머릿속에 차곡차곡 쟁여지고 있었다.

손님들은 양주팔괴의 그림들을 다 보고도 선뜻 덮지 못하고 처음부터 다시 찬찬히 되짚어 보았다. 그러기를 수차례나 반복했지만 언제 다시 이런 그림을 볼 수 있겠냐는 듯 손님들은 쉽사리 화첩에서 눈을 떼지 못했다. 이응헌의 얼굴에 흐뭇한 표정이 깃들었다.

"하여간 이 역관의 그림에 대한 애정은 이 조선에서 제일이십니다. 아마 장인이신 이상적 선생보다 더 하면 더 하셨지, 못 하시진 않습니다."

"맞습니다. 이 역관 같은 분이 계시기에 우리 조선의 화단이 얼마나 다행인지 모릅니다."

손님들의 칭찬에 이응헌은 얼굴이 발갛게 물들어서는 아기 어루만지듯 비단 표지의 화첩을 쓰다듬으며 자랑스럽게 이야기했다.

"작은 힘이지만 이 나라 화단에 보탬이 됐으면 하는 게 제 바램입니다. 생각해 보십시오. 우리에겐 안견이나 겸재, 혜원, 또 단원 같은 훌륭한 화가들이 있지 않습니까? 우리도 이런 작품이 나오지 말란 법이 어디 있겠습니까? 제 미천한 그림 실력으로 보더라도 오히려 우리나라 그림들이 더 낫다는 생각이 듭니다. 자랑 같습니다만, 제 장인어른이신 이상적 어르신이 추사 선생의 〈세한도〉를 가지고 청나라에 가서 그곳 유명 인사들로부터 발문을 받을 때 그들도 놀랐다고 하지 않습니까? 조선에도 이런 화가가 있느냐고 말입니다."

"우리의 자존심을 이상적 어른께서 지켜 주셨군요. 이상적 어른께서는 이 나라 제일의 서화, 금석문의 수집가이시지 않습니까? 그런 장인의 영향을 받으셨는지 이 역관의 공도 만만치 않으십니다."

"아무튼 두 분의 공이 크십니다."

그 말에 이응헌은 사람 좋은 웃음을 지었다. 승업은 마음이 설레었다. 자신의 몸 안에 다른 무언가가 살아 있는 듯 자꾸만 자신을 부추겼다. 승업은 이 흥의 정체를 알 수 없었다. 어디서부터 발현(發現: 숨겨져 있던 것이 드러남)되는지, 또 자신을 사로잡는 이 흥을 어떻게 다스려야 하는지 도무지 알 수 없었다.

"오늘 이렇게 귀한 그림도 봤고, 모처럼 여러분도 다 모이셨으니 어떻습니까? 오늘 이 자리에서 그간의 실력들을 선보이시는 게."

"좋습니다. 다른 선비님들에게 한 수 배우는 것도 좋은 일 아닙니까?"

화첩을 물린 손님들은 오늘도 그 자리에서 그림 겨루기를 제안했다.

"허허, 오늘은 또 여러 선비님들께 제 부족한 그림 실력을 들키게 되었으니 이 부끄러움을 어떻게 감당해야 할지 모르겠습니다."

"내 익히 김 선비의 실력을 아는데 무슨 말씀을 그리 하시는지요. 오히려 제가 한 수 김 선비께 배워가렵니다."

말로는 다들 자신들의 실력을 낮추었으나 표정 만큼은 은연중에 의기양양했다. 승업은 부지런히 먹을 갈았다. 먹의 농도가 알맞게 맞춰지자 손님들은 돌아가면서 매화나 난초, 국화와 대나무 같은 사군자를 치거나 아니면 과감히 화조화나 산수화를 선보이며 자신의 기량을 뽐내었다. 어떤 선비는 호기롭게 쓱쓱 촉이 낭창낭창한 난초를 그렸고, 어떤 선비는 구도가 부자연스러운 산수화를 선보이며 민망한 표정을 지었다. 또 어떤 이는 채 획을 마치지도 못하고 붓을 놓았고, 어떤 이는 먹의 농담을 제대로 조절하지 못해 쑥스러워하며 자신의 부족함을 탓했다. 다들 제 마음대로 붓이 가지 않는 듯 안타까운 표정을 지어 보이거나 어색한 웃음을 흘리며 다음을 기약했다. 그래도 다들 인사치레로 칭찬을 아끼지 않았다.

"허허, 이 선비의 난에서는 그야말로 문자 향이 나는 듯하군요."

"별 말씀을요. 김 선비의 산수화야말로 선비의 고결한 정신이 스며 있는 듯하군요."

"그렇습니까? 부끄럽습니다."

승업은 그들의 그림을 유심히 쳐다보았다. 그러면서 한편으로 그들이 어떻게 붓을 쥐는지, 또 어떻게 먹을 쓰는지 눈여겨보았다. 가끔 손님들이 치는 난을 따라 승업은 자신의 손이 돌아가는 것을 느꼈고, 또 그들이 구도를 잘못 잡아 망쳐 놓은 산수화를 제 나름대로 머릿속으로 완성해 보기도 했다. 하지만 아무도 몰랐다. 승업의 손이 자신들의 손을 따라 난을 치고, 산수화를 완성하는지를……. 다만 선비들의 곁에는 말없이 먹을 갈거나 종이를 펴고 잔심부름을 하는 '하인 장승업'이 있을 뿐이었다.

이윽고 손님들이 돌아가고 어질러진 방 안을 치우기 위해 승업이 혼자 남았을 때 또다시 그 흥이 찾아왔다. 그 흥은 이내 승업을 감쌌다. 이번에는 그 흥을 제어할 수 없었다. 승업은 자신도 모르게 주인어른인 이응헌의 붓을 들었다. 머슴이 주인어른의 물건을 함부로 사용하는 일은 불경한 일이었지만 조금 전에 보았던 양주팔괴의 그림들이 자꾸만 승업의 손을 이끌어갔다.

쓱쓱. 붓이 지나갈 때마다 조금씩 형태가 만들어지기 시작했다. 승업의 무릎 앞에 펼쳐진 종이 안에는 화첩 속에 담겨 있던 그림들이 그대로 재현되고 있었다. 매화를 감상하는 까치의 그림은 화암의 그림이었고, 연꽃이 핀 연못을 감상하는 인물이 들어 있는 그림은 김농의 그림이었다. 그리고 승업은 조금 전 방 안에 둘러앉아 있던 선비들이 그린 그림을 따라 그렸고, 생각나는 대로 대나무와 매화와 난초와 기암괴석과 산수와 새와 동물들을 그렸다.

그렇게 얼마나 그렸을까, 문득 정신이 든 승업은 앞에 펼쳐져 있는 그림들을 보았다. 방금 전, 주인어른의 화첩에서 눈동냥으로 보았던 그림들에 비하면 정말 보잘것없었지만 그래도 승업은 자신의 눈을 의심하지 않을 수 없었다. 함초롱이 꽃잎을 매달고 있는 매화나무와 난초, 새와 대나무들이 종이를 가득 메우고 있었다.

'정녕 이 그림들을 내가 그렸단 말인가?'

승업은 믿어지지가 않았다. 어떻게 이 그림들을 그렸는지 그것도 알 수 없었다. 분명한 사실은 이 그림들을 방금 승업 자신이 그렸다는 것이었다. 승업은 놀랄 수밖에 없었다.

그때 승업은 인기척을 느껴 뒤돌아보았다. 언제 그곳에 와 있었는지

주인어른인 이응헌이 노여운 얼굴로 승업을 내려다보고 있었다. 어떻게 숨길 수도 없었다. 종이 안에는 이미 자신이 그려 놓은 그림들이 뿌리를 내리고 꽃을 피우고 있었다.

승업은 황급히 붓과 그림을 던져 놓고 일어섰다. 한낱 머슴인 주제에 가당치도 않게 붓을 들고 그림 그리는 흉내를 냈으니 불호령이 내려질 것은 뻔한 일이었다.

"지금 뭐하는 게냐?"

이응헌의 음성이 높되, 진중했다.

"죄송합니다."

"지금 뭐하고 있었느냐고 물었다."

"그림을…… 그리고 있었습니다."

승업의 대답에 이응헌은 승업의 그림을 주워 들고 한참을 말없이 들여다보았다.

"이것들을 네가 그렸단 말이냐?"

이응헌의 음성은 한결 누그러져 있었다.

"네."

"사실이렸다."

"네."

승업은 제대로 고개를 들지도 못했다.

"그래, 그림은 누구에게서 배웠더냐?"

"주인어른께서 손님들에게 그림을 보여 주실 때 옆에서 심부름하다 잠깐씩 곁눈으로 보았던 것을 그렸습니다."

승업의 목소리가 자꾸만 안으로 잦아들었다.

"정녕 이 그림을 네가 그렸단 말이지?"

"네."

"한 치의 거짓도 없음이렷다!"

이응헌은 진위(眞僞: 참과 거짓)를 따지려는 듯, 같은 물음을 자꾸만 되물었다.

"네."

재우쳐 묻는 이응헌의 말에 승업은 작은 소리로 대답했다. 소리가 너무 작아 승업의 귀에도 들리지 않을 정도였다. 불벼락이 떨어질 줄로만 알았는데 어찌된 일인지 이응헌은 한동안 승업이 그린 그림들을 말없이 내려다보더니 방이나 치우라고 명했다. 의외였다. 지전(紙廛: 종이 가게. 지물포)에서 잔심부름을 거들거나 세화 따위들을 그리는 일로 먹을 것과 잠잘 곳을 해결하던 자신을 거두어 준 일만도 감사한 일인데, 이렇듯 하라는 일은 하지 않고 게으름을 피우는 자신을 야단도 치지 않고 용서해 주니 그저 죄송한 마음만 들었다.

승업은 송구한 마음으로 그림들을 챙겼다. 아직 마르지 않은 탓에 눅눅한 종이는 집어들 때마다 축축 늘어지거나 군데군데 구멍도 생겼다. 하지만 그림이 찢어지지 않도록 조심할 수는 없었다. 어서 빨리 그것들을 주인어른 앞에서 치워야 했기 때문이었다. 잘못하면 이제 진귀한 화첩이나 그림들을 볼 기회가 없어질 지도 몰랐다.

서둘러 방을 치우고 밖으로 나온 승업은 안도의 한숨을 길게 내쉬었다. 주인어른이 더 이상 나무라지 않는 것만으로도 다행이었다.

2. 하인 장승업에서 화가 장승업으로

이응헌은 승업이 괘씸했지만 한편으로는 대견하기도 했다. 죽죽 힘차게 뻗어 나간 대나무며, 난이 어찌 그리 유연하고 힘이 있던지. 허드렛일이나 도맡아 하는 머슴이 그린 그림이라고는 도무지 믿어지지가 않았다.

여러 해 전, 이응헌은 수포교 근처 야주개라는 지전에 들렀다 가게에 딸린 쪽방에서 너부죽이 엎드려 먹을 가는 승업을 처음 보았다. 그 품새가 썩 쓸 만해 보여 곁에 두고 먹이나 갈게 하고, 또 잔심부름이나 시킬 요량으로 데려왔는데 그에게 이처럼 그림에 재능이 있으리라고는 생각지도 못했다. 잘만 가르친다면 단원이나 겸재, 혜원보다 더 훌륭한 화가로 키울 수도 있을 것 같았다. 하지만 어디 그림이라는 것이 가르친다고 해서 되는 일인가. 타고난 재질과 끈기와 인내가 필요한 것이 바로 그림 공부가 아닌가. 이응헌은 고개를 절레절레 흔들었다.

이응헌은 승업에게서 뺏은 그림을 바닥에 펼쳐 놓고 미심쩍은 얼굴로 꼼꼼히 살펴보았다. 아무래도 승업에게 소질이 있어 보였다. 아직 붓을 쥐는 법이나, 먹의 농담을 조절하는 법과, 힘을 줄 때 주고 뺄 때 빼야하는 필법의 기본은 모르지만 승업의 그림에는 범상치 않은 구석이 있었다. 집안 깊숙이 숨겨 둔 유명한 중국 화원들의 그림과 단원, 추사의 그림들에는 미치지는 못하지만 딱히 승업의 그림이 그보다 못한다고도 할 수 없었다. 아니 어떻게 보면 오히려 그들에게서는 찾아볼 수 없는 오묘한 힘과 멋이 느껴지기도 했다.

이응헌은 깊은 생각에 사로잡혔다. 승업의 그림은 마치 살아 있는 생물처럼 이응헌의 머릿속에서 꿈틀거렸다. 대나무가 바람에 흔들리며 사르락 소리를 내고, 매화가 수줍게 얼굴을 떨며 가지 사이에 숨어 있었으며, 난초가 낭창낭창 허리를 휘며 이응헌의 생각을 어지럽혔다.

얼마나 시간이 흘렀을까. 이응헌은 승업의 그림을 한쪽으로 밀어 놓고 승업을 다시 사랑채로 불렀다.

잠시 후 승업은 풀이 죽은 모습으로 나타났다. 그리고는 어떤 야단이라도 다 맞을 각오가 돼 있다는 듯 고개를 푹 숙이고 사랑채 앞마당에 서 있었다.

"이리 올라오너라."

이응헌은 승업을 방안으로 불러들였다. 방안으로 들어서서도 승업은 고개를 어깨 사이에 파묻고는 이응헌의 시선을 피했다. 이응헌은 벼루와 먹을 승업에게 건넸다.

"갈아라."

주인어른의 명에 승업은 평소 하던 대로 먹을 갈기 시작했다. 그림을 들켰다는 부끄러움과 송구스러움 때문인지, 아니면 이제 다시는 그림을 그릴 수 없을지도 모른다는 아쉬움 때문인지 먹을 가는 승업의 표정이 시무룩해 보였다. 이응헌은 먹을 가는 승업을 말없이 지켜보았다. 아무리 살펴봐도 그런 비범한 재주를 지니고 있을 사람으로는 보이지 않았다. 너무 평범했다. 기름한 얼굴에 잘 생긴 곳도 없지만 그렇다고 썩 못난 데도 없는 사람이었다. 가만 살펴보니 어느 구석엔가는 예사롭지 않은 구석도 있어 보였다. 그러나 예사롭지 않은 기운이라는 것도 방금 전에 보았던 그림 때문이 아닌가 생각됐다.

슥슥, 방안에는 먹 가는 소리만 들렸다. 먹이 다 갈아졌을 때쯤 이응헌은 벽장에서 화첩을 한 권 꺼내 승업의 앞으로 밀어 놓았다. 그것은 원말사대가(원나라 말기에 활동했던 네 명의 유명한 화가들. 황공망, 오진, 예찬, 왕몽)의 그림들을 모아 놓은 화첩이었다. 그 화첩을 훑는 승업의 표정에 일순 생기가 돌았다.

"그릴 수 있겠느냐?"

이응헌이 승업의 표정을 살폈다.

승업은 두어 번 심호흡을 한 뒤 붓을 잡았다. 한번 머릿속에 입력된 그림들을 종이 위에 옮기기는 쉬운 일이었다. 잠시도 머뭇거림 없이, 승업은 그림들을 그려 나가기 시작했다. 나무의 밑동에서부터 우듬지까지 한 번에 쳐내고, 이어 잔가지들을 그리고 바위들을 그려 넣고, 멀찍이 산을 앉히고 나니 어느새 훌륭한 그림 한 점이 탄생했다.

이응헌은 승업이 한 획 한 획 그을 때마다 내심 짧은 감탄사를 내질렀다. 마침내 승업이 완성한 그림 안에는 이제까지 그 누구의 그림에서도 볼 수 없었던 운치가 있었다. 이응헌은 놀라지 않을 수 없었다. 도대체 이 아이는 누구일까. 이제까지 자신이 데리고 있던 머슴 장승업이 맞던가. 장작을 패고, 물지게를 져 나르고, 잔심부름을 하던 머슴이 맞던가. 마치 신이 도와 그림을 그리는 듯 승업은 잠시도 주저함 없이 그림을 완성해 나갔다.

한동안 이응헌은 말이 없었다. 그리고는 잠시 눈을 감았다. 말이 없는 자리에 승업의 침 삼키는 소리만 크게 들렸다.

"참으로 네 재주가 신통하구나."

승업은 쑥스러운 듯 어색한 미소를 지었다.

"이건 필시 신이 너를 돕는 일이다. 그렇지 않고서야 네가 우리 집으로 올 리도 없었고, 또 내 눈에 뜨일 일도 없었겠지. 그래, 본격적으로 그림을 그리고 싶더냐?"

이응헌이 물었다. 그 물음에 승업은 반신반의하는 표정으로 이응헌의 표정을 살폈다.

"그림을 그리고 싶으냐고 물었다. 왜 대답을 안 하느냐?"

"그림을 그려도 됩니까?"

주저하며 대답하는 승업의 음성에 놀라움과 반가움이 섞여 있었다.

이응헌과 장승업의 나이 차이는 불과 오 년 밖에 되지 않았지만 외양으로만 따지면 그 차이는 십 년이 더 넘어 보였다. 그도 그럴 것이 이응헌은 상당한 재력가로 양반다운 체통과 습속이 몸에 배어 있었고 용모 또한 수려해, 힘겹게 살아온 승업과는 그만큼 차이가 났던 것이다. 당시에는 십 년 차이면 부친의 예로 대하는 것이 상례였다. 하여 이응헌은 승업을 어린 사람 대하듯 했다.

"대신 열심히 해야 한다. 그래서 이 나라 최고의 화원이 되는 거다."

"꼭 그리하겠습니다."

"추사 김정희 선생은 그랬다. 만 권의 책을 읽어야 비로소 그림에 뜻을 담을 수 있다고. 문자 향이 나지 않는 그림은 쓸모없는 것이라고 했지. 그림을 그릴 때와 글을 쓸 때의 붓의 필법이 같으니 그림과 글은 곧 같은 것이다. 그러니 글공부도 게을리 하지 말거라. 글을 알아야 세상의 진리와 사물의 본성도 깨우칠 수 있는 법. 그림만 잘 그린다고 되는 일이 아니다."

"명심하겠습니다. 저 역시 글공부의 중요성을 일찌감치 알았던 터라 도련님이 글공부할 때 잠깐씩 어깨너머로 엿보고 귀동냥한 탓에 까막눈은 면했습니다. 그러나 주인님 말씀대로 앞으로는 더 열심히 하겠습니다."

"어허, 고것 참."

이응헌은 마치 자신이 그동안 사자 새끼를 길러 온 것만 같은 기분이 들었다. 그러나 잠시 후, 이응헌은 자신이 여분으로 가지고 있던 붓과 벼루와 먹과 종이들을 승업에게 내밀었다. 비록 거느리고 있는 하인이긴 했지만 그래도 타고난 재주를 이대로 묵히기에는 아무래도 찜찜한 구석이 있었다. 더욱이 역관(譯官: 통역을 맡아보는 관리)으로 청나라를 드나들면서 그곳의 이름난 수많은 화원들의 그림을 보아 온 이응헌은 언제나 변화를 추구하는 중국이 부러웠던 터였다. 그러던 차에 이응헌은 장승업의 재능과 가능성을 보았고, 결국 그림 공부를 할 수 있도록 허락한 것이다.

승업은 황감한 마음으로 이응헌이 건네 준 붓과 벼루와 먹을 받았다. 그것들을 받아들 때 승업은 너무 기뻐 손이 떨리기까지 했다.

"어쩌면 하늘이 너를 내게 보낸 것인지도 모르겠구나. 네 재능이 올바르게 쓰일 수 있도록 말이다. 그러니 이제부터는 집안일은 그만두고 그림 공부를 하도록 하여라. 내 힘이 닿는 대로 너를 도울 것이니라."

이응헌은 승업의 얼굴에 깃드는 흥분과 기쁨을 놓치지 않았다. 그리

크지 않은 키에다 뻣센 머리카락을 지닌 승업에게 오후의 햇빛이 엉겨 있었다. 누렇게 바랜 무명 저고리에 여기저기 얼룩이 묻어 남루한 차림이었지만 눈빛만큼은 매의 눈처럼 매서워 보였다.

"열심히 해보겠습니다."

승업은 연방 머리를 조아렸다. 이때껏 살아오면서 지금처럼 기쁜 적이 없었다. 일찌감치 부모를 잃고 여기저기를 떠돌아다니며 거칠게 살아 온 승업의 처지에 지금의 이응헌은 은인이나 마찬가지였다.

"아무리 천부적인 재능을 타고났다고 한들, 갈고 닦지 않으면 그 재주는 벼려지지 않은 날에 불과한 법이다. 얼마나 노력하고 정진하느냐에 따라 그 재능의 빛도 달리 발하게 됨을 명심하거라."

"네."

결기가 서린 승업의 대답에 이응헌은 말없이 고개를 끄덕거렸다. 승업을 그림의 길로 인도한 이응헌은 유난히 인정이 많은 사람이었다. 표정은 늘 온화했고, 용모와 의관은 언제나 단정해 사람들로부터 두터운 신임을 얻고 있었다.

이응헌은 18세 때 역과 시험에 합격하여 청나라를 왕래하는 역관이 된 인물이었다. 그는 그림이나 글씨를 수집하고 감상하는 취미를 가지고 있었다. 당시 이응헌 같은 중인 지식층에서는 고서화를 수집하거나 감상하는 취미가 크게 유행했었는데, 이응헌은 그 가운데서도 유별난 사람으로 정평이 나 있었다. 그렇게 된 데는 장인인 역관 이상적의 영향이 컸다. 그의 장인인 이상적은 추사 김정희의 세한도를 가지고 청나라로 가져가 그곳의 유명 인사들로부터 발문을 받아올 정도로 서화 수집에 남다른 조예(造詣: 어떤 분야에 대한 깊은 지식이나 이해)가 있었고, 더욱이 이상적은 역관 출신의 한시 사대가로 이름을 떨치기도 한 인물이었다. 이런저런 연유로 이응헌은 일찌감치 고서화 수집이나 감상에 눈을 떴던 것이다.

이 같은 이응헌의 배려로 후일 조선 화단을 대표하는 천재 화가 장승업의 새로운 삶이 시작되었다.

3. 이응헌과 장승업의 운명적 만남

현동자(玄洞子) 안견, 단원(檀園) 김홍도와 더불어 조선의 3대 화가로 꼽히는 장승업은 1834년에 태어났다. 본관은 대원(大元)이며, 자는 경유(景猷), 호는 오원(吾園), 취명거사(醉瞑居士), 또는 문수산인(文岫山人)이다.

조선을 대표하는 화가 중의 한 사람임에도 불구하고 장승업의 출생에 대한 정확한 기록은 어디에서도 찾아볼 수 없다. 안타깝게도 이 사람이 후일 조선을 대표하는 화가가 되리라는 사실을 아무도 몰랐기 때문이었다. 출신 또한 보잘것없었고, 일찌감치 부모님마저 여읜 데다 형제 또한 없는 탓에 그의 탄생이나 유년의 일화 같은 것을 이야기 해 주거나 기록에 남겨둘 만한 사람이 없었다. 그의 출생지가 경기도 광주가 아니면, 황해도였을 거라는 설이 있지만 장씨라는 성이 무반을 배출했던 황해도 안악 지역의 대원 장씨였다는 점을 고려해 볼 때 아마도 황해도가 그의 출생지일 가능성이 더 높다. 또 '승업'이라는 이름이 '업을 계승한다.'는 뜻으로 당시 중인 집안에서 흔히 사용했던 이름이었다는 사실에 비추어 보면 장승업의 집안 역시 중인 계층이었으리라는 것만 짐작해 볼 수 있다.

장승업이 살았던 당시는 극도로 혼란한 시기였다. 500년 전통의 조선왕조가 허망하게 기울어가던 시기였고, 더불어 찬란하게 꽃피웠던 문화도 침체의 길을 걷고 있었다. 게다가 잦은 외세의 침입으로 민심은 불안하기 그지없었고, 극심한 가뭄과 물난리도 번갈아 가며 일어났다. 여기다 탐관오리의 횡포는 나날이 도를 더해 가면서 여기저기서 민란이 발생했다. 또 창궐하는 돌림병은 하루하루가 편치 않은 백성들의 삶을 위협했다. 이런 시기에 사람들에게 떠돌이 고아에게 관심을 기울일 만한 여유는 없었을 것이다.

그렇게 일찌감치 고아가 돼서 홀로 떠돌아다니던 장승업은 스무 살 무렵 한양으로 흘러들어 와 수포교 근처 야주개라는 지전에서 일을 거들며 잠잘 곳과 먹을 것을 해결했다. 잠잘 곳과 먹을 것을 해결하느냐 마느냐의 일은, 가진 것 없고 의탁할 곳 없던 장승업에게 있어서는 곧 살아남느냐 죽느냐의 문제와 같았다.

　지전에서의 일은 그리 힘들지 않았다. 한지와 중국에서 들여 온 화선지를 정리하고, 종이를 사러 온 사람들에게 필요한 종이를 팔면 되는 일이었다. 또한 새해가 되면 사람들은 대문에 닭이나 호랑이 그림을 붙여 사악한 기운을 물리치려 했는데, 이런 그림들을 파는 것이 승업의 일이었다. 때문에 지전에는 사람들의 발길이 끊이질 않았다. 양반집 자제들의 글공부용 종이에서부터 문에 바르는 종이까지 종이의 수요는 많았고, 복을 기원하고 사악한 기운을 물리쳐 준다는 세화나 민화 또한 꾸준히 나갔다.

　팔려 나간 만큼 그림을 채워 넣어야 하는 일이 장승업이 해야 할 또 다른 일거리였다. 승업은 주인이 던져 주고 간 용이나 호랑이, 닭 같은 그림들을 모사했다. 붉은 벼슬을 곧추세우며 목청껏 울어대는 닭이나 금방이라도 하늘을 날아오를 듯 용트림을 하는 용을 흉내 내는 일은 하나도 어렵지 않았다. 그저 똑같이 그리기만 하면 됐다. 사람들이 필요로 하는 것은 닭과 호랑이와 용 같은 동물들이지, 잘 된 그림을 찾는 게 아니었다. 그것들을 대문에 붙여 놓음으로써 액운을 막을 수 있으면 그만이었고, 또 가족의 번영과 다복을 기원하는 그림들이면 되는 것이었다. 승업은 질리도록 닭과 호랑이와 용을 그렸다. 이제 그것들은 눈을 감고도 그릴 수 있었다. 용의 억센 발톱과, 사악한 기운을 쪼을 듯 공격적인 부리를 가지고 있는 닭을 그리는 일은 이제 심심풀이 장난에 지나지 않았다.

그날도 그림을 그리기 위해 승업이 심드렁한 표정으로 먹을 갈고 있을 때 한 선비가 말을 걸어왔다.

"허허, 고것 참, 먹을 가는 품새가 게으르기 그지없구나."

승업은 고개를 쳐들고 자신에게 말을 걸어온 사람을 빤히 쳐다보았다. 용모가 수려하고 풍채가 좋은 선비가 사람 좋은 얼굴로 자신을 내려다보고 있었다. 승업은 그 선비를 잘 알고 있었다. 내로라하는 재산가에 고서화를 수집하는 취미가 남다른 역관 이응헌이었다.

"오셨어요?"

승업은 얼른 일어나 이응헌을 공손하게 맞았다. 종이를 사간 지가 얼마 되지 않았는데 그새 다 떨어진 모양이었다. 승업은 어느 집 자제가 글공부를 열심히 하는지, 또 어느 화원이 부지런히 그림을 그리는지 환히 알 수 있었다. 종이를 사러 오는 횟수가 잦을수록 그만큼 열심히 한다는 증거였다. 승업은 이응헌이 늘 사가던 종이를 꺼내 놓았다.

"어떠냐. 여기 이렇게 있는 것보다 우리 집에 가서 잔심부름이나 거들지 않으련? 내 곁에서 먹도 좀 갈아 주면서 말이다."

이응헌은 종이의 질을 살펴보면서 물었다. 그런 이응헌의 음성에서 어딘지 거역하지 못할 위엄이 느껴졌다. 승업은 의아한 표정으로 이응헌의 얼굴을 쳐다보았다.

"왜 그렇게 쳐다보느냐? 행여 내가 빈말을 하고 있다고 생각하느냐? 내 그동안 오며 가며 너를 지켜보았다만 아무래도 너는 여기 있을 사람이 아닌 듯싶더구나. 여기 있는 것보다는 나를 따라 가는 게 더 낫지 않겠느냐? 그래, 너는 여기 있을 사람이 아니다. 왠지 너를 대할 때마다 그런 생각이 드는구나."

이응헌의 입가에 잔잔한 미소가 떠올랐다. 그가 허튼소리를 할 사람이 아니었다. 승업은 이상하게 가슴이 설레었다. 종이 가게의 주인 밑에서 눈칫밥 먹고 일하느니 기왕이면 부잣집에서 머슴살이하는 편이 더 나을 듯싶었다. 뺨도 금반지 낀 손에 맞으라고 하지 않았던가.

"왜? 내키지 않느냐?"

승업이 생각에 잠겨 있자 이응헌이 승업의 표정을 살피며 물었다.

"아닙니다요, 나리. 저를 거두어 주신다면야 저로서는 무척 황감한 일이지요."

"허허."

이응헌은 잠시 깊은 눈빛으로 승업을 내려다보다 지전을 나섰다.

승업은 그 길로 이응헌을 따라나섰다.

4. 장승업만의 독자적인 그림 세계

장승업은 이응헌의 배려로 본격적인 그림 공부를 할 수 있게 되었다. 그리고 종종 이응헌이 수집해 온 귀중한 고서화들을 볼 수 있는 기회를 가질 수 있었다. 이제야 비로소 그림다운 그림을 접할 수 있게 된 것이다. 장승업은 이응헌이 내준 화첩들을 한 장 한 장 넘겨 보면서 머릿속에 단단히 입력시켰다. 그의 머릿속에는 마치 사진을 찍어 놓은 것처럼 그림들이 고스란히 새겨졌다.

지금이야 남의 작품을 그대로 따라 그리는 일이 사람들로부터 지탄받을 일이지만 장승업이 활동하던 당시에는 훌륭한 예술가의 작품을 모방하는 것으로부터 그림 공부가 시작되었다. 좋은 그림을 교본 삼아 펼쳐 놓고 따라 그림으로써 실력을 인정받고, 또 훌륭한 화가로서의 가능성을 점치기도 했다. 산수화 역시 자연의 모방이고, 인물화나 화조, 영모화(꽃이나 새, 동물 그림) 역시 하나의 모방인 셈이므로 훌륭한 작품을 모방한다는 일은 부끄러운 일이 아니었다. 게다가 선배 예술가의 작품을 모방하는 일은 그 선배 예술가가 이룩해 놓은 세계를 탐구한다는 말과 같았고, 또 그 정신까지도 계승한다는 뜻이 담겨져 있었으므로 오히려 권장하고 있었다.

장승업도 예외는 아니었다. 아무리 천부적인 재능을 타고났다 하더라도 처음부터 혼자 독자적인 그림 세계를 형성해 나갈 수는 없었다. 더욱이 필선의 강약이나 묵의 농담 같은 기초적인 화법이나 회화 이론을 습득하기 위해서는 선배 예술가들의 뛰어난 작품들을 눈으로 직접 확인하고, 따라 그려보는 것이 가장 필요했다. 풀의 모양새는 어떻게 표현하고, 꽃은 또 어떻게 그려내며, 바위와 새와 나무와 산은 어떤 구도로 앉혀야 하는지 승업은 궁금했다.

장승업은 처음부터 꾀를 내거나 무리하게 욕심 부리지 않고 여러 화보들을 통해 사물의 표현 기법들을 꼼꼼하게 배워 나갔다. 화보란 진품을 구하기가 어려웠던 시절에 유명한 화가들의 작품을 판화로 제작해 한데 묶어 놓은 책이었다. 여기에는 여러 명작들의 회화 기법은 물론 각종 화법과 회화 이론을 세밀하게 기록해 놓고 있어 그림을 그리려는 사람들에게는 훌륭한 학습 교재가 되었다. 지금의 미술 교과서인 셈이다. 실제로 많은 선비나 화원들이 이 화보들 안에 수록된 그림을 그대로 따라 그린 작품들을 선보이기도 했다.

예비 화원들이나 선비들이 즐겨 따라 그린 그림들은 대부분 중국 화가들의 그림이었다. 당시 중국은 이웃 나라이기 이전에 세상의 중심이었다. 세상의 중심에 있는 나라에 사는 유명 화가들의 작품을 모방한다는 일은 결코 부끄러운 것이 아니었다. 그들이 결국은 세상을 이끌어 나가는 주역들인 것이다.

장승업이 좋아하는 사람들은 원말사대가로 일컫는 왕몽이나 오진, 황공망, 예찬 같은 네 명의 화가들이었고, 서화가 조맹부가 그의 훌륭한 스승이었다. 장승업은 특히 왕몽을 좋아하였다. 원나라가 혼란해지자 황학산에 은거했다 하여 '황학산에 사는 나무꾼'이라는 뜻의 '황학산초(黃鶴山樵)'라는 호를 사용한 왕몽은 장승업의 그림에 가장 많이 영향을 준 인물이기도 했다. 또 그윽한 미소를 담은 채 유유자적하는 신선을 그린 김홍도 역시 장승업에게는 좋은 스승이 되었다.

승업은 그들의 그림을 볼 때마다 무언가 마음속에서 꿈틀대는 기운을 느꼈다. 하지만 그게 무엇인지 몰랐다. 그림을 그리고 또 그려도, 싫증나는 법이 없었다. 그릴수록 가슴에 이는 불같은 뜨거움은 나날이 더해 갔다. 어떨 때는 자신이 그림을 그리는 게 아니라 자신 안에 살고 있는 다른 무엇이 자신의 손을 빌어 그림을 그리는 것만 같았다. 어느 날은 무언가에 사로잡혀서 정신없이 그림을 그리고 난 뒤, 문득 자신 앞에 펼쳐져 있는 그림을 보고 스스로 놀랄 때도 있었다.

"정말 이 그림을 내가 그렸을까?"

승업은 자신의 손을 내려다보았다. 험한 일에 마디마디 굳은살이 배어 있는 거친 손이었다. 하지만 그 손이 그려 낸 그림 만큼은 더없이 섬세하고 훌륭했다.

그의 머릿속에는 수많은 그림들이 떠다녔다. 주인어른인 이응헌의 방에서 보았던 그림들이 장승업의 머릿속을 꽉 메우고 있었다. 한번도 가보지 못한 바다나 강가, 운무에 휩싸인 어느 마을의 모습과, 계곡이 깊은 어느 산 속의 정경까지, 그 풍경들은 끊임없이 장승업의 머릿속에서 꿈을 꾸듯 흘러갔다. 마치 그 속에 들어앉은 사람처럼 그 풍경들은 이내 축축한 습기와 비릿한 풀 냄새와 질감이 고스란히 느껴지는 살아 있는 풍경으로 승업에게 다가왔다. 그럴 때면 승업은 저도 모르게 붓을 들었다. 금방이라도 살갗에 스칠 듯한 바람결과, 코끝에 맴도는 솔 향과, 아스라하게 멀어지는 산등성이와, 솔방울이 매달린 가지 위를 뛰어다니는 다람쥐는 그대로 승업의 붓끝에서 종이로 전달되었다.

하지만 머릿속에 들어 있는 그림들에 비해 자신의 손끝에서 다시 태어나는 그림들은 어딘지 불안정하고 서툰 티가 났다. 붓의 움직임도 힘차지 못했고, 먹의 농담 역시 부자연스러웠다. 승업은 희미하게 미간을 구기며 낮게 혀를 찼다. 아직도 배워야 할 것이 너무 많았다. 재능만으로 좋은 그림을 그릴 수 없다는 사실을 승업은 너무나 잘 알았다. 그즈음 열심히 연습하고, 또 연습하는 일만이 좋은 그림을 얻을 수 있는 최상의 길임을 승업은 깨달았다.

형편이야 머슴살이로 좋을 게 없었지만 그림을 그릴 수 있게 된 승업은 아무도 부럽지 않았다. 고관대작이나 부자들도 부럽지 않았다. 승업에게는 그림만이 전부였다. 그림이 자신이었고, 그림이 세상 속으로 들어갈 수 있는 통로였으며, 세상 사람들과 자신을 이어주는 끈이기도 했다. 또 한낱 머슴이 아닌, 진정한 한 인간으로 그들에게 다가갈 수 있는 유일한 길이기도 했다.

어느 화창한 날이었다. 햇빛이 유난히 투명한 빛으로 세상을 비추고, 그 투명한 빛을 받아 사방의 사물들이 보석처럼 빛나던 날, 승업은 《개자원화보(价子園 畵傳: 화보의 한 종류. 청나라 초기의 화가 왕개, 왕시, 왕얼의 3형제가 편찬한 네 권으로 된 화보)》를 놓고 이상한 모양의 바위와, 바위틈에 뿌리를 내린 풀과, 그 풀꽃 주변을 나는 나비와 벌레를 그리고 있었다. 승업이 그린 나비와 벌레는 꽃송이들 사이를 부지런히 헤집고 다녔다.

"히야! 오히려 화보 속의 그림보다 더 낫네."

언제 왔는지 이응헌의 집에서 머슴을 사는 사람이 그의 그림을 들여다보고 있다가 말했다.

"참말로 신기하네. 이런 재주가 어디에 숨겨져 있었을꼬. 승업이 자네 그림이 내로라하는 장안의 화원들보다 더 낫구먼."

그 사람의 얼굴에는 부러움이 가득했다. 승업이 그림을 그린다는 이유로 집안 일에서 제외됨으로써 자신이 해야 할 일의 몫이 그만큼 늘어났는데도 불구하고 그 하인은 전혀 싫은 내색을 하지 않았다. 오히려 더 열심히 그림을 그려 인정받는 화가가 되어서 자신처럼 머슴살이를 하는 사람들에게 희망이 되어 주기를 바랐다.

하지만 승업의 표정은 잔뜩 굳어 있었다. 이건 자신의 원하는 그림이 아니었다. 어딘가 너무 얌전하고 판에 박은 듯했다. 그저 죽어 있는 그림일 뿐이었다. 승업이 그린 풀꽃에서는 향기라고는 느낄 수 없었고, 나비 또한 살아 있다는 생각이 들지 않았으며, 벌레들도 그저 그림에 불과했다.

승업은 탁, 붓을 놓아 버렸다. 마음먹은 대로 그림이 그려지지 않았을 때 승업은 소리 나게 붓을 놓고는 뾰로통한 얼굴로 그림에서 물러나 앉았다.

"이 그림 내가 가져도 돼? 버리려면 그냥 버리지 말고 나한테 줘."

못마땅한 표정으로 그림을 내려다보던 승업의 얼굴을 흘깃거리며 머슴이 말했지만 승업은 그의 말이 미처 끝나기도 전에 그림을 찢어 버렸다.

"정말 잘 그렸구먼 왜 찢어 버려?"

머슴이 놀라 물었다.

"이건 그림이 아냐."

"성질머리하곤……. 종이가 아까워서라도 그렇게 찢어 버릴 것이 아니라 어디 문짝에 구멍 난 곳이라도 땜질하면 좋잖아?"

"쓸데없는 소리 말고 어여 하던 일이나 해."

승업은 벌컥 화를 냈다. 불뚝성에 무안했던지 승업이 들어 있던 방문턱에 엉덩이를 걸쳐 놓고 앉아 있던 머슴이 입을 삐죽이며 자리를 뜨더니 혼잣말을 했다.

"지나 나나 똑같은 머슴인 주제에 누구는 죽어라 일을 하고, 누구는 저리 팔자 좋게 그림만 그리며 호강하누? 그 타고난 재능 하나 갖고 유세를 떨긴 왜 떨어. 좋은 게 좋은 거라고, 기왕 그린 거 인심 좋게 주면 어때? 막말로 우리 같은 천민들이 언제 그림 붙여 놓고 고상한 척해 보겠어? 이러구러 생기면 좋은 거지. 나 같으면 미안해서라도 나누어 주겠다."

툴툴거리며 마당을 가로질러 가는 나이 든 머슴의 뒷모습을 바라보던 승업은 이유를 알 수 없는 갈증을 느꼈다. 남들이 아무리 자신의 그림을 두고 칭찬을 하여도, 이것은 자신이 원하는 그림이 아니었다. 화보 속의 그림을 흉내 내기는 했지만 왠지 그것이 승업을 불편하게 만들었다. 그것은 단지 그들의 그림일 뿐이었다. 승업 자신의 그림이 아니라, 황공망과 예찬의 산수화요, 왕몽의 그림이었고, 단원의 신선도

일 뿐이었다. 승업은 그들의 그림을 본받되, 그 그림 속에 자신의 이야기를 담고 싶었다. 자신의 내부에서 살아 꿈틀대는 기운을 그대로 담아내고 싶었다.

승업은 이내 붓을 잡았다. 일전에 보았던 양주팔괴의 한 사람인 화암의 그림이 떠올랐다. 산과 집과 나무가 짜임새 있는 구도로 오른쪽에 자리 잡고 있고, 한가롭게 배 위에 앉아 낚시하던 사람의 모습이 왼쪽 아래에 들어 있던, 그 풍경의 여유가 승업의 마음을 잡아끌던 작품이었다. 워낙 총명해 한번 보면 절대 잊어버리는 법이 없던 승업은 이번에는 화암의 그림을 그렸다.

기왕에 있는 작품을 똑같이 따라 그리는 일은 무척이나 쉬웠다. 어떨 때는 어느 것이 진품인지 모를 정도로 똑같았다. 때문에 간혹 주인 이응헌은 손님들을 초대해 승업이 그린 작품과 진본을 두고 어떤 것이 진품인지 알아맞히는 내기를 하거나, 어떤 것이 더 잘 된 그림인지 두 개를 놓고 사람들과 서로 입씨름을 벌이기도 했다. 그럴 때마다 승업은 이응헌에게 송구스럽기도 했고, 또 한편으로는 불만스럽기도 했다. 그들은 장승업의 그림을 보려고 하기 보다는 그의 그림을 통해 자신들이 미처 발견하지 못했던 유명 화가들의 장점을 찾으려는 듯 보여 심기가 불편했던 것이다.

"허허, 그림은 좋지만 문자 향이 나지 않아. 좋은 책의 기운과 문자 향이 나야만 그림으로써 진정한 가치를 지니는 법인데, 이 그림에는 문자 향이라고는 찾아볼 수 없는걸."

"하긴, 그 점이 나 또한 안타깝네. 이 유연한 필치와 적절한 먹의 농
담에 좋은 책의 기운만 곁들여 진다면 그야말로 금상첨화일텐데…….
아쉽네그려."

승업은 그들의 말을 귓전으로 흘려들으며 내심 콧방귀를 뀌었다. 그
림이면 그림이지, 문자 향이 어떻고, 좋은 책의 기운이 어떻단 말인가.
아무리 서화와 필법이 일치한다고 한들 그림은 그림이요, 문자는 문자
일 뿐인데. 승업은 그저 보이는 대로, 느끼는 대로 표현하고 싶을 뿐이
었다.

화암의 그림을 그리는 승업은 화암의 그림을 그리되, 낚시하는 사람
의 모습에 자신의 심경을 담아냈다. 그림은 그리는 사람의 마음 상태
에 따라 그 느낌이 달라지는 법. 승업은 화암의 그림을 자신의 그림으
로 만들었다. 그것은 화암의 그림이자, 곧 승업의 그림이었다.

5. 살아 있는 그림을 그리기까지

"자네의 이야기는 익히 들어 알고 있네. 자네의 그림에는 신운(神韻: 괴상하고 신비스러운 운치)이 보인다지. 천재 화가라는 명성이 자자하더군. 나 역시 그림 그리는 사람으로서 자네 같은 천재를 만났으니, 가슴 설레는 일이야."

승업은 당대 최고의 화가로 부르는 유숙의 앞에 무릎을 꿇고 앉아 있었다. 호가 혜산(蕙山)인 유숙은 당시 도화원의 화원으로 뛰어난 작품을 많이 남긴 화가로도 잘 알려져 있었다. 특히 혜산 유숙은 두 번이나 철종의 어진(御眞: 임금의 화상이나 사진)을 그렸고, 이어 1872년에는 고종의 초상화를 그린 것으로도 유명했다. 당시에는 최고의 화가가 아니면 임금님의 초상화를 그릴 수 없었다. 헌데 유숙은 세 번에 걸쳐 두 임금의 어진을 그렸던 것이다.

유숙은 추사 김정희로부터 지도를 받았는데, 특히 사군자와 산수화를 잘 그리는 것으로 정평이 나 있었다. 더욱이 그는 추사 김정희와 단원 김홍도, 원말사대가들로부터 영향을 받았으되, 어느 한 가지 화풍에 얽매이지 않고 자신만의 간결한 구도와 필법, 그리고 담채의 변화로 깔끔한 그림들을 그림으로써 남종문인화의 대가로 꼽히고 있었다.

"자네의 그림을 두고 떠도는 이야기들이 단지 소문만이 아니었음을 내 눈으로 직접 확인을 했네. 그러나 내 보기에는 아직 붓의 움직임이라든가, 먹의 쓰임새가 부족한 듯싶구먼. 어떤가? 내가 그런 것들을 자네에게 가르쳐 주고 싶은데, 그래도 되겠는가? 나 역시 자네 같은 천재와 시간을 함께 하면서 많은 것을 배우고 싶네."

혜산 유숙은 열다섯 살이나 아래인 장승업에게 예를 갖춰 조심스럽게 물었다.

"저에게 배우시다니요. 무슨 그런 황공한 말씀을 다 하십니까. 저야 아직 가야할 길이 멀고 또 배워야 할 것이 많은데 선생님처럼 훌륭하신 분이 절 지도해 주신다면야 저야말로 그보다 더 큰 영광이 없습죠."

장승업은 혜산 유숙에게 연방 고개 숙여 절을 했다. 그런 승업을 바라보는 유숙의 얼굴에 잔잔한 미소가 깃들어 있었다. 승업은 평소 유숙의 그림을 좋아했다. 단아하면서도 세속적이지 않고, 절제가 있으면서도 그림 안에 자신의 생각과 사상을 담아내는 유숙의 그림을 보면서 장승업은 스스로 부족하다는 점을 느끼고 있던 터였다. 하긴 누구에게 따로 그림을 배워 그린 것이 아니라 이제껏 책을 보고 따라 그리거나 그저 혼자만의 흥에 겨워 그려 낸 그림들이니 제대로 된 그림이랄 수도 없었다. 더욱이 혜산 유숙이 그린 매화 그림은 어찌나 아름답던지, 한겨울 그악스러운 추위를 딛고 일어나 맨 먼저 함초롱이 붉은 꽃을 피워서는 수줍게 가지 사이에 얼굴을 묻고 있는 꽃을 보노라면 저절로 감탄사가 터져 나왔다. 그렇게 들여다보고 있노라면 정말, 난분분히 매화꽃이 흩날릴 것만 같았다. 헌데 그런 유숙이 자신을 가르쳐 주겠다니, 이건 하늘이 돕는 일이었다.

"그렇게 말해 주니 오히려 내가 고맙네. 천재를 가르치는 일 또한 평생 만날까 말까한 일이 아니겠는가. 이것은 하늘이 우릴 도우심이야."

유숙의 얼굴에 그윽한 빛이 떠올랐다.

그날부터 승업은 유숙의 밑에서 그림 공부를 하기 시작했다. 백은배, 이한철과 함께 19세기를 풍미했던 최고의 화가 혜산 유숙에게는 그림을 배우려고 찾는 사람들이 적지 않았다.

그런 유숙의 제자들 가운데서 신분이 가장 낮은 사람이 장승업이었다. 제자들 가운데는 선대로부터 도화원 화원직을 세습한 직업 화가도 있었고, 이런저런 일로 재물을 꽤 모은 중인 출신 화가도 있었다. 그리고 나머지 대부분은 문인화의 매력에 깊이 빠져든 선비들이었다. 가진 것과 배운 것도 없이 남의 집 행랑채에 살던 사람이 우연찮게 그림 공부를 하게 된 것은 승업 뿐이었다.

승업을 제외한 제자들은 모두 추사 김정희 선생이 닦아 놓은 남종화의 길을 충실히 걸어가고 있었다. 너무 진한 채색을 경계하며 번잡하지 않고, 그림 속에 자신이 품은 고아한 뜻을 담아내기 위해 모두들 고심했다. 풍경과 대상을 그리되, 대상을 사실대로 그리기보다는 그 대상이 지니고 있는 내용과 정신을 그려내는 데 치중했다. 눈에 보이는 풍경을 사실대로 그리는 일은 품격에도 떨어지고, 또 문인화의 정신에도 어긋나는 일이었다.

추위를 이겨 내고 제일 먼저 꽃을 피우는 매화나, 은은한 향기가 멀리까지 퍼지는 난초, 늦가을에 추위와 서리를 맞고도 늦게까지 꽃을 피우는 국화와, 한겨울에도 늘 싱싱하고 푸른 잎을 자랑하는 대나무는 선비의 고아한 인품을 상징했고, 그중에서도 매화나 국화는 어떤 고난에도 굴하지 않고 기개와 절개를 지킨다는 뜻으로 선비들이 즐겨 그렸던 소재이었다. 그들은 사군자를 통해 선비의 강직함을 표현하려 했다.

하지만 그들 가운데서 가장 열심히 그림을 그린 이는 장승업이었다. 또 하루가 다르게 그림 실력이 느는 이도 장승업이었다. 보잘것없는 출신임에도 불구하고 타고난 재능으로 스승의 애정을 독차지하는 장승업을 유숙의 제자들은 은근히 질시하고 무시했다. 의지할 곳 하나

없는 고아인 데다, 많은 책을 읽지 못했으니 선비의 절개와 기개를 지니지 못했다며 장승업을 두고 수군거렸고, 선비의 절개와 기개를 지니지 못했으니 선비라면 마땅히 꿈꾸어야 할 이상향 또한 그림으로 표현해내지 못한다며 승업의 그림을 폄훼(貶毁: 남을 헐뜯고 깎아내림)했다.

그런 동무들의 태도를 승업은 마음에 두지 않았다. 그들이 오랜 세월에 걸쳐 전해 내려오던 남종화의 전통에 사로잡혀 있을 때, 승업은 새로운 그림을 그리고 싶다는 생각에 사로잡혀 있었다. 그들의 그림은 너무 익숙하고, 하나같이 똑같았으며, 그만큼 답답했다. 새로운 것이라 할지라도 끊임없이 시도하고, 또 받아들여진다면 그것도 하나의 전통이 되는 것이다. 지나치게 형식에 치우친 전통은 오히려 발전에 걸림돌만 될 뿐이라는 게 승업의 생각이었다.

장승업은 남종화법의 지침서로 잘 알려진 〈개자원화전〉을 통해 당시 사람들이 추구하는 그림을 그리면서도 또 한편으로는 거침없는 필법으로 자신이 그리고 싶은 그림을 그려 보였다. 비죽이 자라난 풀 한 포기, 아스라이 멀어져 가는 앞산 능선, 올곧게 서 있는 나무들과 가지 사이에 내려앉은 새들까지, 장승업은 눈 깜짝할 사이에 그것들을 그려 내었다. 어떨 때는 손이 너무 빨라 사람들이 그의 손을 따라가다가 놓치는 경우가 생겼다. 그것은 분명 다른 필법이었다. 진중하면서도 부드러운 사람들의 필법에 비해 승업의 필법은 활달하면서도 힘이 넘쳤다.

파격적인 승업의 필법을 두고 다른 제자들은 흉을 보았다. 글공부를 제대로 하지 못했으니 그의 그림 또한 제멋대로라는 것이었다. 하지만 나중에는 다른 제자들도 어쩔 수 없이 승업이 그림을 그릴 때면 붓을 멈추고 숨을 죽인 채 지켜보았다. 어떤 이는 보굿(굵은 나무줄기에 비늘 모양으로 덮혀 있는 겉껍질)이 뜨고 옹이 박힌 소나무의 밑둥을 그리다 말고 승업의 그림을 넘겨다 보았고, 어떤 이는 첩첩이 포개어진 산등성을 그리다 말고 승업의 그림을 보았다. 그러나 누구 하나 입을 열지는 않았다. 다만 대청마루에는 스승인 유숙의 부채 부치는 소리와 제자들의 종이 넘기는 소리만 스석거리며 들려올 뿐이었다.

그렇다고 승업이 처음부터 그런 필법을 구사했던 것은 아니었다. 그도 역시 처음에는 다른 화원들처럼 매우 조심스럽고도 신중한 필법을 사용했다. 자신의 그림에 대해 보다 확실한 자신이 생기기 전까지 승업도 멋을 부리거나 자랑하지 않고 진중했다. 게다가 하루아침에 호방한 필치가 탄생한 것은 아니었다. 승업은 끊임없이 연습을 했고, 새로운 것을 시도했으며, 여전히 그 과정 중에 있었다.

그런 노력 탓에 장승업의 그림은 하루가 다르게 변모해 갔다. 어딘지 구도가 엉성하던 산수화는 차츰 제자리를 잡아가고, 붓을 사용하는 법도 자유자재로 구사하게 되었다. 승업의 그림이 사람들의 입에서 입으로 전해지면서 그의 그림을 보기 위해 집으로 찾아오는 사람도 늘어났다. 어떨 때는 그런 사람들로 골목이 분주하기도 했다.

그럴수록 승업은 알 수 없는 갈증을 느꼈다. 그 갈증의 원인이 무엇인지 알 수 없었다. 자신 안에 이해할 수 없는 어떤 힘이 자신을 온전히 지배하는 듯, 한번 갈증이 일면 그 무엇으로도 풀 수 없었다. 필시 그림에 대한 갈증일 텐데 어찌된 일인지 그 갈증은 그림으로도 풀리지 않았다. 그림을 그리다가 밖으로 뛰쳐나가 벌컥벌컥 물을 들이켜도 보았지만 갈증은 도무지 풀리지 않았다.

"그림에 속기(俗氣: 속계의 공통적인 기질)가 있으면 안 돼. 헌데 자네 그림에는 속기가 보여. 좋은 그림이란 온전히 자신의 마음과 생각을 담아낼 때라야만 얻을 수 있는데, 자네 그림에는 그게 보이지 않아. 아무리 잘 그린 그림이라 하더라도 그 안에 생명력이 없다면 그 그림은 이미 죽어 있는 그림이야."

승업이 그린 그림을 보고 스승인 유숙은 낮은 소리로 승업을 꾸짖었다.

"아무리 재주가 비상하다지만 타고난 재주만 믿고 덤볐다간 실패하기 십상이지. 자네의 그림을 보면 재주는 너무 승해. 그러나 그림은 진실이 있어야 하는데, 자네 그림을 보면 재능만 번득이고 자네의 생각은 들어있지 않아. 그게 자네 그림이 죽어 있다는 생각이 들게 만들어."

승업은 스승의 꾸지람에 얼굴이 붉어졌다. 아닌 게 아니라 자신이 보기에도 어딘지 어설프기 짝이 없었다. 어떤 나무는 주변의 산과 인물에 비해 지나치게 커 보였고, 어떤 새는 날개보다 다리가 더 커 기형이 돼 있었다. 또 어떤 고양이는 뒷다리가 앞다리보다 더 작게 그려졌고, 국화는 꽃이 너무 작거나 컸으며 먹의 농담도 엉망이었다.

사람들이 아무리 자신의 그림을 훌륭하다고 추켜세워도 스승만이 진정으로 자신의 그림을 읽을 줄 알았다. 승업은 또다시 갈증을 느꼈다. 몸 안에 이는 그 갈증을 해소해야만 제대로 된 그림을 그릴 수 있을 것 같았다. 그렇게 갈증을 느낄 때면 승업은 진득이 자리에 앉아서 그림을 그릴 수 없었다.

그러던 어느 날, 장승업은 스승 유숙의 집에서 돌아오는 길에 그림 공부를 하는 사람들과 함께 주막에 들렀다. 장사로 상당한 재물을 모은 상인 집안의 자제와 직업 화가가 되기 위해 유숙에게서 그림을 배우는 사람들이었다. 나이가 들어 보이는 자그마한 체구의 주막집 여자는 이들을 보고 반갑게 맞아들였다. 말하는 본새나 이들을 대하는 품새가 임의로운 양이 아마도 단골인 모양이었다.

"아이고, 어서들 오슈."

"잘 있었나. 오늘은 특별한 손님을 모시고 왔으니 술상 좀 잘 차려주게."

"언제 내가 소홀한 적 있수? 서운하게 그런 소리 말우."

주모는 퉁명스럽게 내뱉었지만 눈가에는 웃음이 실려 있었다.

"하긴 주모 솜씨야 장안에서 제일이지."

그들 역시 사람 좋게 웃었다.

"공치사는 내 사양하오. 그런 소리 듣고 싶어 하는 말이 아니니까. 그나저나 특별한 손님이라니, 누가 특별하다는 거요?"

일행을 둘러보던 주모의 시선이 그들 뒤편에 서 있던 승업에게 가 멈추었다.

"허허. 역시 사람을 상대하다 보니 주모도 반 귀신이네그려. 그래, 이 사람이 오늘의 특별한 손님일세. 그러니 술은 물론이고 이 집에서 제일 맛있는 것일랑 아끼지 말고 내오게나."

평범한 외모에 남루한 옷을 입고 서 있는 승업의 위아래를 쓱 훑어 보던 주막집 여자의 얼굴에 실망하는 기색이 역력했다.

"이 사람아, 외모로만 판단하지 말게나. 자네도 장승업이라는 이름 은 한번쯤 들어봤을 것 아닌가? 이 자가 바로 천재 화가라고 소문난 그 장승업이야."

그 말에 주막집 여자의 얼굴에 희색이 돌았다.

"하이고, 참말로 그 장승업이 이 장승업이 맞는가? 귀신이 장승업의 손을 빌어 그림을 그린다는데, 참말인가?"

"그렇다네, 이 사람아. 그러니 술과 안주 아끼지 말고 내오게나."

"아믄. 그래야지요."

주막집 여자는 웃음을 흘리며 부엌으로 들어가고, 그들은 마당에 펴 놓은 평상에 자리를 잡고 앉아 그림에 대한 이야기를 나누었다. 잠시 후 술과 안주가 나오고 장승업은 소갈이 든 사람처럼 술을 들이켰다.

"허허, 이 사람, 천천히 마시게나. 술에 체하면 어떡하려고 그러나?"

벌물(맛도 모르고 마구 들이켜는 물) 마시듯 술을 마시는 장승업을 보고 사람들이 걱정스러운 얼굴로 말했다. 텁텁한 술이 목줄기를 타고 안으로 들어가자마자 승업은 이상한 기운이 솟는 듯했다. 그간 자신을 괴롭히던 갈증이 순식간에 사라지는 기분이었다. 이런 기분이면 무엇이든 그릴 수 있을 것만 같았다. 새도, 고양이도, 나무도, 첩첩이 포개어진 산들도 다 그릴 수 있을 것만 같았다. 장승업은 마음이 바빴다. 한잔 한잔 술이 들어갈수록 그림을 그리고 싶은 욕망이 거센 불꽃처럼 이글거렸다.

승업은 그 자리에서 붓을 꺼내고 종이를 폈다.

"이 사람아, 지금 뭐하는 겐가?"

함께 그림 공부를 하던 동무들이 물었지만 승업은 대답 대신 부지런히 먹을 갈았다. 다들 술을 마시다 말고 의아한 얼굴로 승업을 지켜보고만 있을 뿐 더는 말리지 않았다. 먹을 가는 중간 중간 그는 스스로 자신의 잔에 술을 치고 다시 벌컥벌컥 들이켰다. 잔을 내려놓자마자 승업은 정신없이 그림을 그리기 시작했다. 붓에 먹을 충분히 묻혀 종이에 문지르듯 펴 바르는 필법은 이제까지 승업이 한번도 해 보지 않은 필법이었다. 아니, 얼마 전까지 이런 필법을 구사해 보았지만 이번은 달랐다. 예전에는 어딘지 막히고 어색했지만 이번 만큼은 제대로 손목이 돌아가고 먹이 먹혔다.

"으마, 세상에. 정말 사람들 말이 맞네. 천재 화가야. 어쩜 이렇게 잘 그릴까. 신기하기도 하지."

곁에서 그림을 지켜보던 주막집 여자가 호들갑을 떨었다. 사람들도 놀란 표정으로 승업이 새롭게 선보이는 필법을 바라보았다. 어떤 나뭇잎은 그저 붓으로만 꾹 눌러 찍어 놓았고, 또 어떤 파초는 그저 장난하듯 쓱쓱 그려 놓았다. 먹의 농담으로 그림들은 이제까지와는 전혀 다른 그림처럼 보였다. 술기운 때문인지 고양이도, 새도, 나무도, 모두 마음먹은 대로 그려졌다. 승업은 스스로도 신기하고 대견스러웠다.

"술값은 안 받을 테니 대신 이 그림 내가 가지면 안 될까?"

주막집 여자가 은근하게 물었다.

"뭐하게?"

물은 사람은 승업이 아니라 다른 친구들이었다.

"왜요? 술집 한다고 이런 그림 가지지 말란 법이 있소? 세상에 천재 화가라는데, 그 사람 그림인줄 알면서도 갖고 싶지 않다면 오히려 그게 더 이상한 일이지라. 나도 천재 화가 그림 한 장쯤은 가지고 싶단 말이오."

"딴은 그렇네. 어떤가, 이 사람아. 줄 텐가?"

승업은 쑥스러웠다. 지전에서 일을 할 때 돈을 받고 그림을 판 적은 있었지만 정식으로 그림 공부를 시작하면서 자신의 그림이 돈의 가치로 바뀌는 일은 없었다.

"스승님이 아시면 벼락을 내리실 테니, 어떤가. 우리들만 입 꾹 다물면 그만일 테고. 어디 오늘 자네가 사는 술 한번 마셔 보세."

"그래도 어떻게……."

"이 사람아, 뭘 망설여? 주모가 자네 그림이 갖고 싶어 그런다는데 오히려 고마워 할 일이지."

행여 승업의 입에서 싫다는 소리가 나올까봐 주막집 여자는 채 가듯 그림을 집어 방안에 갈무리해 놓았다.

"자네가 역시 천재는 천재인 모양일세그려. 주모마저 자네 그림에 반해 술값을 그림으로 받겠다니 말이야."

사람들은 서로의 잔에 넘치도록 술을 따라 주었다. 그리고는 오랜만에 술값 걱정 없이 술을 마시자고 했다.

장승업은 술이 달았다. 호기(豪氣: 씩씩하고 호방한 기상)도 생기는 듯했다. 자신의 그림을 좋아해 주는 사람이 있다는 것은 참으로 행복한 일이었다.

그러나 며칠 후 승업은 유숙의 앞으로 불려갔다. 유숙의 표정이 여느 때 같지 않게 굳어 있었다. 승업은 문득 며칠 전 주막에서의 일이 떠올랐다. 아니나 다를까. 유숙은 무섭게 나무랐다.

"그 알량한 그림으로 술을 마셨다고? 될 성 부른 나무는 떡잎부터 알아본다는데, 벌써부터 그 짓이더냐? 내가 너를 그렇게 가르쳤더냐? 난 너 같은 제자를 둔 적이 없다. 그러니 당장 이 길로 내 집을 나가서

두 번 다시 찾아오지 말거라."

"스승님!"

"가래두!"

"한번만 용서해 주십시오."

승업은 연방 잘못을 빌었다. 하지만 유숙의 화는 좀체 풀릴 기미가 보이지 않았다. 그 옆에서 함께 술을 마셨던 동무들은 슬금슬금 승업의 시선을 피한 채 말이 없었다. 승업은 그들을 원망하지 않았다.

"그림도 네 정신이나 마찬가지다. 그런 그림을 술 몇 잔에 넘기다니……. 그것도 설익은 그림을 팔아먹다니……. 고얀 것!"

승업은 이때까지 유숙이 그렇듯 화를 낸 모습을 본 적이 없었다. 다른 제자들 역시 스승의 모습에 주눅이 들어서는 몸놀림을 줄인 채 아무 말도 하지 못했다.

승업은 진심으로 자신의 잘못을 뉘우쳤다.

그림 그리는 일을 게을리 한 적은 없었지만 장승업은 그날 이후 더욱더 그림에 매달렸다. 그리고, 또 그려서는 손에 쥐가 나도록 그렸다. 자신이 좋아하는 양주팔괴의 그림은 물론이고 스승 유숙의 그림을 교본 삼아 그리고, 단원 김홍도의 그림을 그렸으며, 원말사대가의 그림도 그렸다. 마치 그림에 허기가 들린 듯 그림에 몰두했다. 왕몽이 그린 이상한 모양의 바위와 유숙이 그린 매화는 장승업의 손끝에서 바로바로 다시 살아났다. 그중에서도 특히 간결하면서 심지가 있는 김홍도의 그림은 언제나 장승업을 매료시켰다.

어디 그것들뿐이었을까. 장승업은 눈에 보이는 대로 그렸다. 새도 그리고, 기이하게 생긴 바위도 그리고, 꾸불꾸불 가지가 휘어진 나무도 그리고, 한가롭게 노니는 신선도 그리고, 학이나 고양이, 말 같은 동물들도 그렸다. 그리지 않으면 마치 자신이 이 세상에 존재하지 않은 듯 그렇게 그림만 그리며 살았다. 어떤 때는 사람이 오는 줄도 몰랐고, 또 가는 줄도 몰랐다. 때문에 장승업은 어떨 때는 자신이 동물을 연구하는 사람 같기도 했고, 또 난이나 풀들을 관찰할 때는 식물을 연구하는 사람 같기도 했다. 모르고서는 그릴 수 없었다. 아니, 선배 화원들이 그린 그림을 보면 얼마든지 따라 그릴 수 있었지만 그건 어디까지나 그림일 수 밖에 없었다. 똑같이 그려 놓은 그림일 뿐, 그것들에게서 살아 있음은 느껴지지 않았다.

한 예로, 신사임당이 그린 〈수박도〉의 수박을 보고 닭이 와서 쪼았다는 일화도 있지 않은가. 자고로 그림이란 그런 생명력이 있어야 하는 것이다. 그렇지 않으면 아무런 감동도 없는 것이 그림이다. 그보다 한걸음 더 나아가 장승업은 그림에 생명력은 물론 자신의 혼까지 집어넣고 싶었다. 그림을 통해 이루고자 하는 것, 그림을 통해 말하고 싶은 것, 그런 것들까지 그림 속에 담고 싶었다. 승업은 동물들의 살아 있는 눈빛을 통해 자신의 감정을 전달하려 했고, 그것들을 통해 말을 하고 싶었던 것이다.

장승업은 욕심이 많았다. 그는 자신이 있는 것에만 매달리지 않았다. 눈에 보이는 것은 모두 다 자신의 손끝에서 재현해 내고 싶었다. 그리지 못하는 것이 있다면 더 이상 장승업이 아니었다.

대부분의 화원들은 말과 개를 그리기 꺼려했다. 말과 개는 주변에서 흔히 볼 수 있는 동물들이기 때문에 잘 그렸는지 못 그렸는지 사람들은 금방 알 수 있었다. 그런 이유로 화원들이 여간해서는 그리려 하지 않는 소재가 바로 말과 개나 고양이 같은 동물이었다. 그러나 장승업은 상관없었다. 오히려 장승업이 그린 말과 개는 주변에서 늘 보아오던 것들보다도 더 살아 있는 듯했다.

그것은 바로 끊임없이 관찰하고 대화하고, 또 아름다운 색채로 치밀한 묘사를 함으로써 얻어진 결과였다. 그냥 얻어지는 우연한 결과가 아닌 셈이다. 제 아무리 타고난 천재 화가였다 하더라도 장승업은 수없이 많은 연습과 실패를 통해 자신이 원하는 그림을 얻을 수 있었다.

언제부턴가 장승업은 스승인 유숙을 능가하게 되었다. 장안에서 장승업의 이름은 이전보다 더 유명해졌다. 앞다투어 그의 그림을 보러 오는 사람이 생겨났고, 유숙의 제자들 가운데 장승업에 대한 보이지 않는 질투를 하는 사람들 또한 늘어갔다. 그러나 아무도 대놓고 장승업의 그림을 깎아 내릴 수 없었다. 장승업의 그림은 나날이 발전했고, 스승인 유숙마저도 장승업의 그림을 인정하기 시작했다. 하지만 정작 장승업만은 자신의 그림에 대해 불만이었다.

어느 날 이응헌은 장승업의 그림을 보다 말을 건넸다.

"그래, 얘기를 듣기로는 자네는 자네의 그림을 전혀 마음에 들어 하지 않는다고 하던데, 사실인가?"

"네."

승업의 음성이 자신이 없었다.

"무슨 이유에선가?"

"그 이유를 모르겠습니다."

이응헌은 한동안 말없이 승업을 쳐다보았다. 그렇게 한참을 쳐다본 후, 이응헌은 천천히 입을 뗐다.

"자네의 그림은 죽어 있어. 그걸 모르는가? 이 세상 만물은 모두 나름의 본성을 지니고 있는 법이네. 헌데 자네 그림에는 그런 본성이 들어있지 않아. 아무리 잘 그린 그림이라 할지라도 자네의 그림은 그저 그림일 뿐이야. 즉 살아 있는 그림이 아니란 말일세."

이응헌의 말은 승업에게 비수로 꽂혔다. 그림이 죽어 있다니.

"저기 보이는 돌멩이는 한갓 돌멩이에 지나지 않지만 그 나름의 질서와 성질이 있네. 저 돌멩이는 언젠가 먼지가 될 테고, 생멸의 순간이 있을 텐데, 그저 보이는 그대로만 그린다면 그게 어디 살아 있는 돌멩이라고 할 수 있겠나."

승업은 이응헌의 손이 가리키는 곳을 따라갔다. 마당가에 자그마한 돌멩이 하나가 밑뿌리를 땅속에 박아 놓은 채 햇빛을 받고 있었다.

승업은 그동안 자신이 그렸던 그림들을 떠올렸다. 아닌 게 아니라 새치름히 얌전하기만 한 그림들이었다. 대가들의 뛰어난 작품을 본떠 그린 그림들은 나름대로 흉내를 내고는 있을지언정, 정작 그들이 보여 주는 정신과 사물의 본성은 취하지 못하고 있었다. 그랬다. 그 그림들에는 원말사대가나 양주팔괴의 숨결이 들어 있었지만 정작 자신이 그린 그림에는 자신의 숨결이 들어 있지 않았다. 다만 복제품이나 모사품에 지나지 않았다. 새들의 눈은 박제처럼 죽어 있었고, 나무는 조화처럼 생명력이 없었으며, 인물들 또한 생기라고는 찾아볼 수 없었다. 승업은 아무 말도 못한 채 곤혹스러운 표정만 짓고 있었다.

"추사 김정희 선생이 왜 지금까지 위대한 화가로 받아들여지는 줄 아는가? 그것은 말일세. 추사 선생이 선배 예술가들에게서 기법을 배웠으면서도 거기에 그치지 않고 자신만의 세계를 이룩했기 때문일세. 추사 선생의 작품에는 뜻이 담겨있지. 그것을 사의성이라고 말하지. 다시 말하자면 추사 선생은 세상을 다시 창조하신 거란 말일세. 거기에 추사 선생의 위대성이 있어. 어디 그뿐이겠는가? 지금 자네가 스승으로 모시고 있는 혜산 선생도 마찬가지네. 그 역시 중국의 화가들과 추사 선생으로부터 그림을 배웠으면서도 자신만의 세계를 완성했어. 바로 그것이라네."

이응헌의 말은 계속됐다.

"헌데 자네는 어떤가. 자네는 자네의 그림을 그리기보다는 그 사람들의 그림을 흉내 내기에 급급하고 있지 않은가. 내가 자네에게 그림을 그리도록 허락한 것은 내 나름대로는 큰 뜻이 있었네. 자네의 천재성을 모른 척 하기엔 내 마음이 허락지 않는 것도 있었지만 그보다는 스러져 가는 이 나라의 국운만큼이나 날로 쇠퇴해 가는 이 나라 화단에 자네가 활력을 불어넣어 주길 기대했던 거지. 나는 자네의 그림에서 그런 기운을 보았어. 새로움을 느꼈단 말일세.

지금 중국에서는 신 화풍을 적극적으로 수용하고 실험적인 그림들이 나오고 있지 않던가. 우리 화단이 날로 쇠퇴해 가고 있는 이 순간에도 중국은 끊임없이 변화를 추구하고 있단 말일세. 생각해 보면 얼마나 무서운 일인가. 정말 조선이, 조선의 그림이, 이대로 맥이 끊어지고 주저앉아도 좋단 말인가. 이럴 때 자네 같은 사람들이 나타나서 조선의 화단에 무언가 새로운 힘을 불어넣어 줘야 하지 않겠는가."

승업은 부끄러움으로 얼굴이 상기돼 있었고, 이응헌은 실망감으로 얼굴이 굳어져 있었다.

"글쎄, 자네의 재주에 비하면 내 그림 재주라는 것은 우스운 것일 테지만 그래도 나 역시 그림을 그릴 때의 고통을 알고 있네. 어디 그림이라는 것이 자신이 그리고 싶은 대로, 생각하는 대로 그렇게 욕심껏 나와 주는 것이던가. 자네에게는 자네만의 고민이 있을 테지만 아무튼 이런 내 주문이 지나치다고 서운해 하지는 말게."

말을 마친 이응헌은 자신의 사랑방으로 돌아갔다. 승업은 한동안 그 자리에 꿈쩍도 하지 않고 앉아 있었다. 서너 식경 동안 움직임 없이 앉아만 있던 승업은 마침내 주술에서 풀려난 사람처럼 자리에서 일어났다. 그리고 주막으로 갔다. 일전에 함께 그림 공부를 하던 친구들과 들렸던 주막이었다. 키가 작고 얼굴이 통통하던 주모는 이번에도 반갑게 나와 승업을 맞아주었다.

"아이고, 어서 오게. 천재 화가가 오셨구먼. 헌데 오늘은 어째 혼자인가? 그 친구들은 어디 가고?"

"술 좀 주소."

"아믄. 좀 기다려보게. 내 아끼던 술이 있으니 특별히 내옴세."

주모는 술병 가득 술을 내왔다. 승업은 잔에도 따르지 않고 그대로 병 주둥이를 입에 대고 벌컥벌컥 들이켰다. 금세 술 한 병이 바닥났다. 승업은 부엌에 있는 주모를 불러 술을 더 가져오도록 했다. 이번에도 역시 승업은 안주도 없이 그대로 병나발을 불었다.

"아이고, 웬 술을 그리 마시누."

주모가 진심으로 걱정을 했지만 승업은 아랑곳하지 않았다. 그의 얼굴이 술기운으로 벌겋게 달아올라 있었다. 승업의 귀에는 아직도 이응헌의 나무람이 들리는 듯했다.

그때였다. 새 한 마리가 푸르렁 거리며 날아와 나뭇가지에 앉더니 깃을 떨며 뽀로롱뽀로롱 울어댔다. 미풍이 불었던가, 새의 꽁지깃이

희미하게 흔들린 것도 같았다. 새는 잠시도 가만있지 않았다. 친구를 부르며 노래를 부르기도 하고, 부리로 깃을 다듬기도 하고, 이 가지에서 저 가지로 폴짝폴짝 옮겨 앉기도 했다. 마치 그 모양이 승업을 희롱하는 듯했다.

승업은 별안간 불에 덴 사람 마냥 화들짝 놀라 자리에서 일어나더니 집으로 돌아왔다. 그리고는 자신의 그림들을 불태웠다. 주변에서 사람들이 말렸지만 승업은 말을 듣지 않았다. 잔뜩 화가 난 사람처럼 표정이 굳어서 자신의 그림을 불 속으로 집어던졌다. 화라락, 불은 장승업의 그림들을 집어삼켰다. 일렁이는 불 속에서 산들이 타고, 나무들이 타고, 새와 말과 고양이들이 타들어 갔다. 몇 사람이 달려들어 불땀 좋은 불 속에서 장승업의 그림을 건져내려 했지만 벽력같은 소리가 그 사람의 손을 저지했다.

"그냥 둬."

장승업이었다. 어느새 그의 손에는 긴 빗자루가 들려 있었다. 누구든 불 가까이 오면 가만 두지 않겠다는 표정이었다. 불에 타는 것은 순식간의 일이었다. 양주팔괴의 그림들을 모사한 그림들도, 원말사대가의 그림들을 본떠 그린 그림들도, 추사 김정희 선생의 그림을 흉내 낸 그림들도, 스승 혜산 유숙의 그림을 따라 그린 그림들도 모두 불길 속으로 사라졌다. 불길이 사그라지고 대신 흰 재만 남은 것을 확인한 승업은 그 길로 다시 주막으로 달려가 술을 마셨다. 도저히 맨 정신으로는 견딜 수가 없었다. 그림이 죽어 있다니. 가당키나 한 말일까. 기갈 든 사람처럼 정신없이 술을 마시던 승업에게 누가 문득 말을 걸어왔다.

"우리도 살아 있는 생물이야. 삶을 위해 부지런히 일을 하지. 자칫 게으름을 피웠다간 한겨울 매서운 추위에 얼어 죽고 말아. 봄이면 연보라색 꽃을 피우고, 여름이면 무성하게 나뭇잎을 매달았다, 가을되면 잎 떨구고, 꽃 맺었던 자리에 열매를 맺어. 그러니 어찌 죽어있겠어."

나무였다. 주막 입구에 심어 놓은 키 큰 오동나무가 승업에게 이야기했다.

"너만 그러는 게 아냐. 우리도 그런다구."

승업은 화들짝 놀라 싸리 담장 아래서 몸을 잔뜩 웅크린 채 눈알을 굴리고 있는 고양이를 쳐다보았다. 시꺼먼 몸통을 지닌 고양이 역시 승업에게 말을 걸어왔다.

"나는 정물이 아니야. 살금살금 다가가서 사냥을 하지. 우리가 살기 위해서는 다른 목숨이 죽어야 해. 우리의 사냥 실력은 최고지."

승업은 이번에는 돌멩이를 쳐다보았다. 돌멩이 역시 살아 꿈틀대며 승업에게 말을 걸어왔다.

"그래도 너희들은 계절에 따라 꽃을 피우기도 하고, 잎을 떨구기도 하지. 또 고양이 너희들은 어디로든 너희들이 가고 싶은 곳으로 갈 수 있어. 어디 그뿐이겠어? 사냥도 할 수 있고, 새끼도 칠 수 있지. 하지만 난 내 스스로 자리를 옮겨 다닐 수도 없고, 사냥을 할 수도 없고, 새끼를 칠 수도 없지. 그렇다고 해서 내가 죽어 있는 것은 아니야. 비록 너희들처럼 움직이거나 감정을 느낄 수는 없지만 나 역시 이 세상을 구성하는 하나의 사물이란 말이야."

승업은 무서웠다. 앞산이 움직이고, 담장도 파도타기를 하는 것처럼 흔들렸다. 어찌 이것들이 이제까지 보아왔던 사물들이란 말인가.

승업은 자신의 눈과 귀를 의심했다. 술 때문이라고 승업은 생각했다. 술이 자꾸만 허깨비를 만들어 내고, 환청을 만들어낸 다고 치부했다. 저 도깨비 같은 것들을 물리치기 위해 승업은 소리를 고래고래 질렀다. 하지만 그 도깨비 같은 것들은 물러나지 않았다. 승업이 그러면 그럴수록 도깨비 같은 것들은 그를 비웃으며 더 크게 웃고 승업에게 덤벼들었다. 사람들은 그를 보고 수군거렸다. 아마 그가 미쳐 가는 모양이라고 했다. 돌멩이와 말을 하고, 나무와 말을 하는 양이 꼭 미친 사람이 혼자 중얼거리거나 고래고래 악을 쓰는 모양과 같았기 때문이었다.

금세 장승업의 기행은 이응헌의 귀에 들어갔다. 이응헌은 장승업이 술이 깨는 대로 사랑채로 들도록 했다. 며칠 만에 나타난 승업은 아직 술이 깨지 않아 얼굴이 벌겠고, 그의 몸에서는 술 냄새가 고약하게 풍겼다.

승업은 이응헌의 앞에 공손하게 무릎을 꿇은 채로 앉아 있었다.

"그래, 그림들을 불태웠다지."

이응헌이 장승업의 표정을 살피며 물었다.

"네."

"왜 그랬느냐?"

"어른께서 죽어 있는 그림이라고 하지 않으셨습니까?"

승업은 고개를 숙이며 이응헌의 물음에 대답했다.

"네 눈으로 보기에도 죽어 있더냐?"

그 말에 승업은 대답하지 않았다. 이응헌은 굳이 대답을 들으려 하지 않았다는 듯 문갑에서 그림을 한 점 꺼내 승업의 앞에 펼쳐 놓았다.

"이게 누구의 그림인줄 알겠느냐?"

"단원의 그림입니다."

"그래. 단원의 그림이다. 단원은 이 강산을 사실적으로 그려 냈다. 어디 그뿐일까. 가난하고 순박한 백성들의 모습을 익살스럽게 화폭에 담아냈지. 실경 산수나 풍속도만큼 정직한 그림이 어디 있을까. 그러면서도 한편으로 단원은 서양에서 들어온 새로운 사조를 과감히 시도하기도 했지. 단원의 그림은 나름대로 품격을 지니고 있다네. 실경 산수라 하더라도 그저 자연을 그대로 모사하지 않고 그 안에 우리의 숨결을 고스란히 담아냈어. 단원의 그림을 보고 있노라면 사람의 온기가 느껴진단 말일세. 하지만 우리의 그림이 '서권기 문자향'을 강조하게 되면서 자꾸만 그림은 양반들의 전유물처럼 여겨지고 고급화돼 버렸지. 그 점이 내심 안타까웠어."

승업은 다시 그림을 그리고 싶었다. 단원의 그림처럼 우리의 숨결과 체취와 정서가 고스란히 담겨 있는 그런 그림을 그리고 싶었다.

"자네는 단원의 맥을 이어야 하네. 새로운 화풍을 받아들이는 데도 게을리 하지 말아야 할 것이야. 단원의 맥을 잇는다하여 단원처럼 그리라는 이야기가 아니란 말일세. 단원과 추사 김정희 선생, 자네 스승인 혜산 유숙의 장점을 고루 취득하여 자네만의 세계를 완성해야 할 게야. 내 자네에게 힘이 닿는 데까지 도움이 돼 줄 것이지만 너무 나에게만 의탁하지는 말게나. 중국에서 유행하고 있다는 새로운 화풍 역시 남의 그림인즉, 자네는 자네의 그림을 그리는데 마음을 써야 할 게야."

승업은 이응헌에게 연방 고개를 숙였다. 이보다 더 고마운 이가 세상에 없는 듯했다. 집안 일에서 빼 준 것만도 감사할 일인데, 아니 그림을 그리게 해 준 일만도 감사할 일인데, 번번이 자신의 어리석음을 깨우쳐 주다니.

"어르신의 말씀을 명심하겠습니다."

승업의 음성에 결기가 서려 있었다. 승업은 자신의 호를 스스로 '오원(吾園)' 이라 지었다. 김홍도의 호인 단원(檀園)을 따서 '나(吾)도 원(園)' 이라는 뜻이었다.

6. 술에 취해, 그림에 취해

장승업은 주인 이응헌의 배려와 후원에 힘입어 심기일전하여 다시 그림을 그리기 시작했다. 예전의 그저 흉내 내는 모방의 수준에서 좀 더 나아가 조선 화단의 전통을 잇되, 자신만의 숨결을 불어넣기 위해 애를 썼다. 붓 터치를 빠르게 하여 사물의 형태를 잡아내고, 묵의 농담을 사용하여 음영을 주었으며, 때로는 세밀한 붓 터치를 이용하여 자칫 사람들이 놓치기 쉬운 대상의 아름다움을 표현해 냈다.

사물들이 승업에게 말을 걸어오는 일도 더 잦아졌다. 승업에게 있어 세상 모든 것은 다 살아 있는 생물이었다. 새들과 고양이와 구름은 물론, 바위와 돌멩이와 풀 한 포기까지, 그것들은 자신들만의 언어로 끊임없이 장승업에게 자신들의 존재를 알려 왔다.

스무 살 무렵 이응헌의 집에서 그림 공부를 시작하여 유숙의 집을 드나들던 이십 대가 승업의 그림 입문기에 해당된다면, 장승업의 삼십 대는 보다 더 구체적인 자신만의 세계로 채워졌다. 이십대가 문인화풍의 화보들을 놓고 따라 그리며 전통을 잇고 기초를 튼실하게 다지는 시기였다면, 삼십 대는 튼튼한 기초 위에 자신만의 개성과 화풍을 추가하는 시기였다.

그는 필법 또한 꾸준히 공부했다. 필선의 아름다움을 잘 드러내는 백묘법, 정교하고도 아름다운 공필 채색화법, 호방한 필묵의 감필법, 그리고 수묵의 깊은 맛을 보여 주는 파묵법과 신선한 선염 담채법 등 그는 끊임없이 실력을 연마했다. 잘되면 잘되는 대로, 안되면 안되는 대로 그리고, 또 그렸다. 마치 그림을 위해 태어난 사람처럼 모든 정신을 그림에만 쏟았다.

그러다가도 불현듯 승업은 그림을 그리다 말고 산으로, 들로, 혹은 저잣거리로 나가 세상과 만났다. 때론 시냇가에 나가 물 흐르는 소리에 귀를 기울였고, 산으로 나가서는 나무와 풀과 새들의 소리를 듣기도 했다. 그런 날은 그림도 잘 그려졌다. 조금 전에 그들과 나누었던 대화나 시냇물이 몸을 꿈틀대며 흘러가던 모양을 그리다 보면, 저도 모르게 그림에 신명이 붙고 생동감이 넘쳐흘렀다.

어느 날이었다. 승업은 그림을 그리다 말고 여느 때처럼 산을 찾았다. 어느덧 계절은 가을이었다. 햇빛 쨍쨍한 한여름이 바로 어제 같은데 그새 산은 단풍으로 붉게 얼룩져 있었다. 시간은 그렇듯 무심히 흘러가고 있었다. 승업은 가을 산을 바라보았다. 코끝을 스치는 바람도 청량하게 느껴졌다. 승업은 그 바람까지도, 청량한 그 바람까지도 그림 속에 표현해 내고 싶었다. 어딘지 마음을 쓸쓸하게 만드는 그 가을 산의 정취도 고스란히 그림에 담아내고 싶었다.

승업은 천천히 발걸음을 옮겼다. 한데 그때 승업은 다른 사람의 인기척을 느꼈다. 노인이었다. 작고 백발이 성성한 한 노인이 바위 뒤편에 앉아 가을 산을 바라보고 있었다. 바위에 앉아 단풍을 바라보고 있는 한 노인의 고적한 모습이 참으로 쓸쓸해 보였다. 승업은 그 노인의 모습을 그림으로 그려보고 싶다는 생각이 들었다.

승업은 붓을 들었다. 그리고 그림을 그렸다. 이내 노인의 모습이 화폭 위에 살아났다. 수레에 앉아 가을 단풍을 바라보는 선비와 수레를 몰고 온 수레꾼이 오른쪽 하단에 배치돼 있고, 왼쪽 화면에는 단풍나무가 울울이 우거져 있는 그림이었다.

사람들은 승업이 그린 이 〈가을 단풍을 감상하는 선비〉라는 그림을 보고 다들 감탄했다.

"허허, 저 수레에 앉은 선비의 표정에서는 인생의 무상함이 느껴지는구먼. 어쩌면 이리 표정이 살아있누."

"그러게 말일세."

사람들이 칭찬을 아끼지 않았지만 장승업은 아직도 무언가가 아쉬웠다. 그러나 여전히 그것이 무엇인지는 알 수 없었다.

장승업은 그럴 때마다 술을 마셨다. 술 한 잔 마시면 다시 나무가 말을 걸어오고, 술 한 잔 마시면 다시 풀이 말을 걸어오고, 술 한 잔 마시면 저 멀리 앉아 있는 산이 말을 걸어왔다. 술 한 잔이면 고양이와도 말이 통했고, 술 한 잔이면 말과도 소통이 가능했다. 장승업은 그들의 이야기를 그림에 옮겨 놓기 위해 붓을 빠르게 놀렸다. 화선지에 먹을 듬뿍 묻혀 뭉개지듯 산을 그리다 보면 화선지는 재빨리 먹을 빨아들여 어느새 산을 남겨 놓았고, 힘차게 붓을 놀리다 보면 어느새 하늘을 향해 솟아 있는 나무가 드러났다.

"저 나무들 좀 보라고. 가만 귀기울여 보면 나뭇잎을 스치는 바람 소리가 들리지 않나."

"글쎄, 바위 좀 봐. 어쩜 이리 똑같을까."

"허허. 과연 신운이라더니 꼭 맞는 말일세."

장승업이 붓을 들어 그림을 그릴 때면 어디서 왔는지 사람들이 모여들어 구경을 했다. 잠시도 주저함 없이 붓이 힘차게 뻗어 나갈 때마다 어김없이 종이 안에는 살아 있는 듯한 그림이 남아 있었다.

장승업은 어느 한 가지 것에만 매달리지 않고 세상 만물을 다 표현해 보고 싶었다. 무릇 그림 그리는 이의 욕심이었다. 인물화든, 산수화든, 화조화든, 무엇이든 다 그리고 싶었다. 그럴수록 승업은 술이 늘었다. 술은 이내 장승업에게 없어서는 안 될 중요한 것이 되었다. 술이면 모든 시름을 달랠 수 있었다.

어떤 날은 하루종일 그림과 씨름을 하다가도 또 어떤 날은 하루종일 술에 취해 정신을 차리지 못했다. 장승업이 술을 좋아한다는 소문이 나면서 사람들은 술을 사 주며 술값으로 장승업의 그림을 가져갔다. 어떤 때는 그림 값으로 받은 돈을 아예 주막에 맡겨 놓고 술을 마셨다. 값이 얼마인지, 또 거스름돈이 얼마 남았는지 그런 일은 상관하지 않았다. 장승업은 그림을 그리기 위해 술을 마셨고, 또 술을 마시기 위해 그림을 그렸다. 점점 마시는 술의 양도 늘어났다. 술 한 병이 두 병으로, 두 병이 세 병으로, 세 병이 네 병으로 늘어나더니 이제는 아예 말로 마셨다. 말술이 아니고서야 취기도 오르지 않았고, 광기처럼 휘몰아치는 그림에 대한 열정도 일지 않았다.

간혹 주막의 주모가 장승업이 맡겨 놓은 술값이 다 떨어졌다고 할 때면 장승업은 볼멘소리를 했다.

"나에게 술대접이나 하면 그만이지, 돈은 물어서 무엇해?"

"염병할, 나는 뭐 땅 파서 장사 하나? 아니면 술값 대신 그림이나 그려 주던지."

주모는 은근슬쩍 말꼬리를 내리며 장승업의 눈치를 살폈다. 승업의 그림을 갖고 싶어 하는 사람이 많아지면서 그의 그림은 언제든 돈으로 바꿀 수 있기 때문이었다.

"잔말 말고 술이나 줘."

승업은 눈을 치켜뜨고 소리를 버럭 질렀다. 세모난 얼굴에 쭈뼛쭈뼛 자라난 수염이 그를 우스꽝스럽게 만들고 있었다. 주모는 눈을 흘기며 막걸리와 나물 안주를 내와 장승업 앞에 거칠게 내려놓았다.

"술을 가져왔으면 좀 따라 주기라도 해 봐."

"아, 이녁은 손이 없어? 눈이 없어? 직접 따라 먹으면 될 게 아냐?"

주모는 눈을 흘겼다. 하지만 승업이 꼭 미워서 하는 소리가 아니었다. 말투는 퉁명스러웠지만 그 안에는 어쩔 수 없는 장승업에 대한 애정이 담겨 있었다.

"여자가 나긋나긋한 데라고 눈 씻고 찾아봐도 없으니, 원!"

주모는 마지못해 승업이 내민 잔에 막걸리를 넘치게 따라 주었다. 갈증이 돌았다는 듯 승업은 주모가 따라 준 막걸리를 단숨에 마셨다. 채 입으로 들어가지 못한 막걸리가 턱밑으로 흘러내리자 승업은 쓱, 손등으로 문질러 닦고는 그릇에 술을 채워 다시 들이켰다. 주모는 승업에게 은근슬쩍 다가앉았다.

"그림 한 장 그려 줘. 다들 자네 그림을 갖고 싶어 안달하는데, 어쩌겠어. 잘난 재주 타고났다고 야박하게 굴지 말고 도와준다 셈 치고 한 번만 더 그려 줘."

주모는 말을 마치자마자 승업의 그릇에 막걸리를 철철 넘치게 따라 주었다. 그리고 부엌으로 들어가 부침개를 지져 술상에 내놓았다. 하지만 승업은 냉큼 붓을 집지 않았다. 주모가 가져다 준 막걸리를 모두 비우고도 부족해 다시 술타령을 했다. 주모는 마뜩찮았지만 그래도 그려 준다는 약속을 받아 두었던지라 입을 씰룩이며 다시 술을 가져다주었다.

언제부턴가 승업은 자신의 내부에서 뜨겁게 솟아오르는 기운을 느껴야만 그림을 그릴 수 있었다. 뭉쳐지고 뭉쳐져서 더 이상 참을 수 없을 정도가 되고서야 승업은 분출하듯 내부에 고인 그 기운들을 화폭에 쏟아 놓았다. 불이 벌겋게 살아 있는 용암처럼 그림을 그리고 싶은 욕망이 뜨겁게 달구어지지 않으면 좀처럼 그림을 그릴 수 없었다. 아무리 주변에서 채근하고 닦달해도 소용없었다. 승업 자신도 어떻게 해 볼 수 없었다. 사람들은 그런 기운을 신기라고도 하고, 광기라고도 했다. 또 예술가는 무릇 그런 열정이 있어야 한다고도 했다.

벌써 며칠째 승업은 그림을 그리지 못하고 있었다.

"언제 그림은 그려 줄 거야? 이렇게 술만 축내고 있으면 어떡해?"

참다못한 주모가 퉁명스럽게 말을 했다.

"사람이 왜 그리 촐싹대는 거야? 그릴 때 되면 어련히 그리지 않으려구. 그렇게 징징거리면 그림이고 뭐고 없어."

승업의 으름장에 주모는 샐쭉 토라져서는 더 이상 아무 말도 하지 않았다.

그렇게 몇 날 며칠을 술만 먹던 장승업은 어느 날 불현듯 잠에서 깨어난 사람처럼 먹을 갈더니 그림을 그리기 시작했다. 그의 얼굴은 여느 때와 마찬가지로 술기운으로 벌겋게 달아올라 있었고 코끝은 부풀어 올라 있었다. 어떻게 그림을 그릴 수 있을까 싶게 술에 취해 있던 장승업은 호기 있게 화선지에 첩첩이 포개어진 산을 그려 넣었다. 주모는 장사를 하는 것도 잊어버린 채 그가 그리는 그림을 신이 나서 쳐다보았다. 붓이 지나갈 때마다 신기하게 살아나는 풍경들이 주모의 입을 벌어지게 만들었다. 취중에 그린 그림이지만 장승업의 그림은 가히 일품이었다.

아니나 다를까, 그림을 절반도 그리지 못했는데 승업은 취기에 그만 붓을 놓고 쓰러져 잠을 자 버렸다.

"으이그, 이 화상. 그러기에 술 좀 적당히 마실 일이지."

주모는 안타까운 표정으로 장승업이 그리다 만 그림을 간수했다. 나중에 술이 깨면 완성해 달라고 할 심산이었다. 하지만 채 완성이 되지 못한 그림을 나중에 마무리하는 경우는 드물었다.

이렇듯 장승업은 술 때문에 그림을 중단한 적이 많았다. 어떤 때는 꽃을 그리려다 중도에 일어나서 나가 버리는 바람에 꽃과 줄기만 있고, 또 어떤 때는 말을 그리려다 다리 하나를 잊고 그리지 않은 적도 있었다. 그럴 때면 다른 사람들이 나머지 부분을 채워 넣어 그림을 완성시키기도 했다. 특히 나중에 장승업의 제자가 된 조석진과 안중식은 그가 남긴 미완성의 작품들에 손을 댔는데, 이로 인해 장승업의 작품이 진짜인지, 아닌지 가려내기가 몹시 힘들었다. 때문에 가짜 그림도 많이 탄생했고, 진품 시비에 자주 휘말리게 되었다.

이처럼 장승업은 술을 마심으로써 그림에 대한 영감을 얻기도 하고, 또 술에 취해 그림을 그리지 못할 때도 많았지만 일부러 미완성인 듯한 그림을 그리기도 했다. 청나라의 팔대산인 주탑이라는 사람은 '조석' 이라는 바위 위에 앉은 새를 그렸는데, 그가 수묵으로 그린 까만 몸통의 새는 다리가 하나밖에 없었다. 새들은 간혹 한 다리로 지탱하고 서 있는데, 그것을 표현한 것이다. 장승업 역시 그것을 놓칠 리 없었다. 누구보다 세밀한 관찰과 묘사력을 지닌 그가 아니던가. 장승업은 불필요한 것들을 생략함으로써 보다 더 의미 있는 그림들을 얻고자 했던 것이다.

어느 날 장승업의 제자인 심전 안중식이 육교화방으로 그를 찾아갔더니, 마침 장승업이 기다란 화폭 한중간에 두 사람이 말을 타고 있는 그림을 그리고 있었다. 무슨 그림이냐고 묻자 장승업은 '풍진삼협' (風塵三俠: 수당 교체기를 배경으로 한 중국 설화에 나오는 세 명의 인물. 이정, 규염객, 홍불지)이라고 대답했다. 한데 안중식의 눈에는 두 사람밖에 보이지 않았다.

"한 사람은 어디 있습니까?"

장승업은 안중식의 물음에 심드렁하게 대답했다.

"아직 도착하지 않았다."

장승업은 이미 보이지 않는 사람까지 계산에 넣어 두고 있었던 것이다. 미완성처럼 보이지만 그 자체로 완성된 그림이었다. 그러한 스승의 깊은 뜻을 알지 못했던 안중식은 단지 미완성의 작품이라고만 생각했다.

7. 술병을 들고 세상을 조롱하다

장승업은 좋은 그림을 얻기 위해 갈수록 더 많은 술을 마셨다. 사람들은 푸른 옷을 입고 술에 취한 채 비틀비틀 저잣거리를 걸어가는 장승업을 심심찮게 볼 수 있었다. 어김없이 그의 손에는 술병이 들려 있었고, 그의 얼굴은 술기운으로 불콰하게 달아올라 있었다. 간혹 승업은 술에 취해 걷다가도 문득 발걸음을 멈추고서 바람에 흔들리는 나무를 바라보거나 하늘을 나는 새들을 바라보았다. 비록 술에 취해 몸을 바로 가누지는 못했을지라도 그것들을 바라보는 눈빛만큼은 매서웠다. 마치 그것들과 대화를 나누는 듯 혼자 중얼거리기도 했다.

장승업은 그림이 있었지만 외로웠다. 일찌감치 부모를 여의고 혼자가 된 장승업은 그림과 술로 외로움을 달랬지만 그 허전함을 완전히 채울 수는 없었다. 아니, 그림은 오히려 장승업에게 알 수 없는 갈증과 허기를 안겨 주었다. 그리고 또 그려도, 그림은 자신에게 충만함을 안겨 주기는커녕 오히려 끝을 알 수 없는 허전한 세계로 데려갔다. 사람들이 아무리 신품이라고 치켜세우고, 스스로 신운이라고 해도 가슴 밑바닥에 고이는 외로움은 어떻게 달래 볼 수 없었다.

장승업이 술을 좋아한다는 사실을 모르는 사람은 없었다. 사람들은 오래전부터 그의 그림을 얻기 위해 술을 들고 그를 찾아왔다. 승업은 돈보다도 술을 가져오는 사람이 더 좋았다. 그리고 어떤 술이든 좋았다. 어느 주막집의 텁텁한 막걸리도 좋았고, 정처 없이 길을 가다 잠자리나 얻을 요량으로 들른 누추한 집안에서 내오는 시큼하고 떨떠름한 술도 좋았고, 부잣집 기름진 안주에 맛이 깔끔한 술도 좋았다. 그저 술이면 좋았다. 술 한잔 잘 마시면 그 자리에서 웃옷을 벗어젖히고는 그림을 그려 주었다.

술이 있는 곳이면 어디든 갔다. 아니, 술과 자신의 그림을 원하는 사람이 있는 곳이라면 천 리 길도 마다하지 않고 갔다. 조선 팔도 가 보지 않은 곳이 없을 만큼 승업은 전국을 돌아다녔다. 그가 곧 바람이었고, 바람이 곧 그였다. 어깨에 붓과 먹과 종이를 짊어지고 그렇게 허청허청 걸어갈 때면 뒤따라온 바람이 장난처럼 그의 푸른 옷을 들추기도

하고 앞에서 걸음을 막아 세우기도 하며 함께 했다.

그렇게 승업은 자신을 필요로 하는 곳이면 어디든 바람처럼 당도해서는 그림을 그렸다. 공주에 사는 유병옥이라는 사람에게 그림을 그려 주기도 하고, 경남 구포에 사는 어느 지주의 집에서는 석 달 동안이나 기거하며 그림을 그려 주기도 했다. 또 길에서 만난 아낙에게 술 한 잔 대접받으면 그 자리에서 그림을 그려 주기도 했다. 그 먼 길을 가면서 장승업은 조선의 땅과, 조선의 하늘과, 조선의 백성들과, 조선의 동물들과, 조선의 꽃과 풀들을 보고, 그것들과 대화를 나누고, 그것들과 교감을 나누며 걸었다. 어떤 꽃은 패망해 가는 나라의 땅에서도 아름답고 향기롭게 피어났고, 또 어떤 나무는 어지러운 땅에서도 푸르고 곧게 자라났으며, 또 어떤 백성들은 먹을 것이 없어 굶주린 배를 하고서도 마음만은 더없이 어질고 착해 장승업을 슬프게 만들었다.

부자들은 승업의 그림을 갖기 위해 아예 그를 자기 집으로 불러들여 잠잘 곳과 먹을 것을 제공해 주며, 승업에게 그림만 그리도록 하였다. 기름진 먹을거리와 술을 내다 주며 승업이 그림을 그리기만 기다렸다.

승업은 포한(抱恨: 원한을 품음)이 들린 듯 술을 마셨다. 술을 마셔도 만취할 정도로 마셨다. 어떤 때는 한 달이 되도록 깰 줄을 몰랐다. 사람들은 나날이 늘어나는 그의 주량을 걱정했지만 정작 장승업은 개의치 않았다. 술이 없으면 그림을 그릴 수 없다는 사실을 사람들 또한 잘 알고 있었으므로 그에게서 억지로 술을 뺏을 수는 없었다. 하루는 보다 못해 승업에게 자신의 사랑방을 내준 사람이 승업의 과도한 음주를 걱정하며 말했다.

"이 사람아, 무슨 술을 그렇게 마시나. 건강도 챙겨 가면서 적당히 마셔야지."

"이래도 한평생, 저래도 한평생인데 뭐가 걱정입니까? 술이라도 있어야 견디기가 쉽죠."

만약 장승업이 이재에 밝았더라면 아마도 큰돈을 벌었을 것이다. 하지만 장승업은 돈에는 관심이 없었다. 오로지 그림만이 전부였다. 술은 그림을 더 잘 그리기 위한 방편이었다. 장승업은 비록 미천한 신분이었지만 자신이 그린 그림을 권력이나 힘으로 얻으려 할 때는 과감히 뿌리치고 그리지 않았다. 그것은 예술가로서의 자존심이었다. 자존심을 지키는 일, 그것은 곧 자신이 그린 그림의 가치를 지키는 일과 같았다. 신분의 계급이 엄존하는 시대에 그 같은 일은 생각할 수도 없는 일이었다. 양반들이나 권력을 지닌 사람이 명령하면 싫든 좋든 해야 했다. 그러지 않고는 목숨을 장담할 수 없었다. 하지만 장승업은 권력으로 자신의 그림을 사려할 때는 과감히 뿌리치고 돌아 나왔다.

그런 장승업은 사람이 그리웠다. 늘 주변에 사람들이 넘쳐 났지만 사람이 많으면 많을수록 승업은 더욱 외로웠다. 한번 사람이 그리우면 술로도 달랠 수 없을 때가 있었다. 그때는 어머니 같은 사람이 필요했다. 일찍부터 부모님을 여의고 홀로 떠돌던 장승업은 외로움이 뼛속

깊이 스며 있었다. 그 외로움을 보듬어 주고 달래 줄 어머니 같은 여자가 필요했다. 여자의 체취는 장승업에게 있어서 곧 어머니의 체취였고, 여자의 가슴은 장승업에게 있어서 어머니의 가슴이었으며, 여자의 손길은 곧 어머니의 손길이었다. 그들은 여자이기에 앞서 어머니 같은 존재였으므로 그저 모두가 다 좋았다.

여자가 있고, 술이 있어야만 장승업은 좋은 그림을 그릴 수 있었다. 그 어느 것 하나라도 없으면 불안하고 또 그림에 전념할 수 없었다. 술을 마시다 신운이 돌면 그림을 그리고, 그림을 그리다 목이 마르면 술한 잔 들이켜고, 그윽한 술기운에 졸음이 오면 여자의 다리를 베고 그렇게 잠에 빠져 들었다. 취중에 든 잠이라도, 그게 일장춘몽일지라도 승업은 그때만큼은 세상 어느 누구도 부럽지 않았다. 세상을 호령하는 권력과 부도 다 부질없고 소용없는 것이었다.

장승업이 술만큼이나 여자를 좋아한다는 소문은 장안에 파다하게 퍼졌다. 그러나 장승업은 신경 쓰지 않았다. 술과 여자는 자신에게 영감을 주고 마음의 안정을 주었기 때문이었다. 술에 찌든 그의 얼굴은 우스꽝스럽기까지 했다. 약간 갸름한 얼굴에 눈은 노랬고, 주독으로 코끝은 불그스레한 데다 우뚝한 코밑에는 까무잡잡한 수염이 볼품없이 붙어 있었다. 그 수염에는 언제나 막걸리의 흰 찌꺼기가 묻어 있어 그를 더 우스꽝스럽게 만들고 있었다.

하루는 장승업이 연못가에 쪼그리고 앉아 무언가 골똘히 쳐다보고 있었다. 승업의 시선이 머무는 곳에 오리들이 있었다. 그 오리들은 연꽃이 피어 있는 연못에서 한가롭게 유영하고 있었다.

"이봐. 뭘 골똘히 들여다보고 있는 거야?"

승업이 묵고 있던 곳의 집주인이 그를 향해 물었다. 승업은 사람이 다가오는 줄도 모른 채 생각에 잠겨 있었다.

"이 사람아, 사람이 묻는데 대답도 하지 않나?"

승업은 여전히 대답도 하지 않고 오리만 유심히 쳐다보고 있었다.

"이 사람이 넋을 놓고 있는 겐가?"

집주인이 승업의 시선이 날아가는 곳을 좇다가 되물었다.

"지금 오리를 보고 있는 겐가?"

승업은 희미하게 고개를 끄덕였다.

"자네의 오리는 이미 일품이지 않은가?"

집주인은 오리에게서 눈을 떼지 않은 채 움직임을 관찰하고 있는 승업에게 말했다. 그러나 승업은 늘 보아 오던 오리도 오리마다 다르다는 사실을 알고 있었고, 자신이 그리는 오리 또한 같은 오리가 하나도 없었다. 어떤 오리는 털빛이 맑고 깨끗했고, 어떤 오리는 미끄러지듯 헤엄을 쳤으며, 또 어떤 오리는 다른 오리에 비해 근사한 물갈퀴를 가지고 있었다.

사람들은 미처 그 차이를 알지 못했다. 사람들에게 오리는 그저 오리일 뿐이었다. 하지만 승업의 눈에는 그것들이 보였다. 사람이 저마다 다르듯 사물들도 각기 다르며, 그것은 보고자 하는 사람에게만 보이는 것이다. 그 오리는 수면에 비친 자신의 모습을 응시하고 있었다. 자신을 바라보는 오리의 눈빛이 날카로웠다.

"허허, 이 사람. 사람이 말을 해도 통 듣지를 못하니 아예 오리에 푹 빠져 있구면."

아무런 반향이 없는 승업의 태도에 멋쩍은 듯 집주인은 슬그머니 자리를 떴다. 그렇게 한동안 연못가에 앉아 있던 승업은 무언가 생각에 사로잡혀서는 자신이 기거하는 방으로 돌아왔다. 그러고는 숨을 깊게 들이마셨다 내뱉었다. 그 오리의 눈빛이 자꾸만 떠올랐다. 수면에 비친 자신의 모습을 응시하던 오리의 눈빛과, 오리를 내려다보던 활짝 핀 백련과, 오리 위를 날던 날렵한 날개를 지닌 새들. 그 풍경들이 승업의 머릿속에서 자꾸만 떠돌았다.

승업은 술을 한잔 달게 마시고 붓을 들었다. 예전보다 먹을 능숙하게 다루었지만 아직 만족스럽지 않았다. 승업은 다시 심호흡을 하고 나서 붓에 먹을 충분히 묻힌 다음, 종이에 문지르듯 펴 발랐다. 힘을 크게 들이지 않고, 빠르게 움직였다. 사람들은 승업의 그런 붓놀림을 배우고 싶어 했다. 양털로 화선지에 휘두르듯 그려 내는 그의 필법은 어느새 사람들 사이에서 유명해져 있었다. 그러나 사람들은 그의 필법을 흉내는 낼 수 있을지언정, 그가 그린 그림 같은 그림을 얻지는 못하였다.

승업이 그림을 그렸다는 소식을 전해 들은 주인은 서둘러 그가 있는 곳으로 달려왔다.

"역시 자네야. 어쩌면 이렇게 금방이라도 날아오를 듯할까. 정말 오리의 온기가 느껴지는 것 같구먼. 그러니 자네더러 천재라고 하는 모양이네."

집주인은 감탄한 얼굴로 바라보았다.

"뭐 불편한 게 있거들랑 말하게나."

승업은 집주인의 말은 귓전으로 흘려들은 채 술 한잔 맛있게 마시고는 벌렁 드러누웠다. 연못가 풀잎들을 간지럽게 하는 바람이 살랑살랑 불고 오리는 한가롭게 노닐고 있었다. 선경이 따로 없었다. 취기도 오르고, 취기와 더불어 잠도 쏟아졌다. 승업은 권력이나 돈 따위는 부럽지 않았다. 남들은 벼슬을 하지 못해 안달을 부리지만 그에게 그런 것들은 하찮은 것이었다. 자신이 그리고 싶은 그림을 그리고, 또 술이 있고, 어머니 같고 누이 같은 여자들만 있다면 그 어디든 천국이었다. 그저 바람처럼 자유로운 생활, 지금만 같으면 좋았다.

8. 바람 따라, 구름 따라

　장승업이 살던 당시의 사회는 극도로 혼란한 시기였다. 외척들의 세
도정치로 인해 백성들의 생활은 그야말로 피폐할 대로 피폐해져 있었
고, 대원군의 쇄국정책은 주변 열강들의 불만을 샀으며, 그로 인한 내
부의 갈등도 극에 달해 있었다. 더욱이 대원군은 천주교 박해령을 내
려 1866년부터 1872년에 걸친 6년 동안 8천여 명의 신자들이 목숨을
잃는 비극이 빚어지기도 했다. 이른바 병인박해, 또는 병인사옥으로
불리는 비극이었다. 게다가 그 시기는 외세의 침입으로 한시도 바람
잘 날이 없었다. 병인양요를 비롯해 신미양요, 강화도 조약 같은 굵직

한 사건들이 연달아 터졌고, 임오군란, 갑신정변, 동학혁명, 청일전쟁, 갑오경장 등 국내 정세는 그야말로 하루하루가 불안했다. 뿐만 아니라 개화파와 위정척사파 간의 갈등으로 내정 또한 불안하기 그지없었다.

설상가상으로 1846년 9월에는 전국적으로 대홍수가 일어났고, 1847년 역시 큰 수해를 겪었으며, 한양에는 도적이 끊이질 않았다. 1852년에는 흉년으로 인해 유랑민이 생겼고, 1853년에는 곳곳에서 굶어 죽는 사람이 생겼다. 그리고 1856년과 1857년에는 2년 연속 수해가 들더니 도적이 들끓게 되었고, 1859년에는 콜레라가 퍼졌다. 또 1860년에도 한양에서는 돌림병이 유행했고, 1862년부터는 진주 민란을 시작으로 전국에서 민란이 끊이질 않았으며 그 사이사이 전염병이 창궐해 민심은 흉흉할 대로 흉흉했다.

"정말 세상이 어떻게 되려고 이러나 몰라."

"어떻게 되긴 어떻게 돼. 그저 제 할 일이나 열심히 하면 되는 일이지."

주막을 찾은 승업에게 주모는 답답한 얼굴로 하소연하듯 말했고, 승업은 퉁명스럽게 대답했다.

"살려고 해도 먹을 것이 있어야 살지. 이거야 원, 어디 불안해서 살겠냐고. 이 나라가 도대체 어디로 가려고 이렇게 만날 뒤숭숭할까."

"잔소리 말고 술이나 내놔."

"그놈의 술, 어지간히 좀 먹어. 그렇게 마시면서 어떻게 견디누."

"임자가 걱정할 거 없어."

승업은 쐐기를 박듯 말했다. 하지만 정말 자신이 보기에도 세상은 어지럽기 짝이 없었다. 양반들이야 '권력 쟁취'라는, 목숨을 내놓고 싸울 명분이라도 있었지만 그야말로 무지렁이 백성들은 하루하루가 위태롭고 신산(辛酸: 세상살이의 고됨)하기만 할 뿐이었다.

그럴수록 승업은 그림에만 몰두했다. 세상사가 어떻게 돌아가든 자신의 소임은 그림 그리는 일이었다. 시대를 증명하는 그림을 그리는 일. 훗날 이 시대를 밝혀 주는 단초가 될 그림. 하지만 당시 승업에게 그런 의식은 없었다. 다만 자신이 좋아하는 그림을 그릴 뿐이었다.

주모가 내온 술을 달게 마신 승업은 목에 칼칼하게 남아 있는 술기운을 우려내며 탄식하듯 내뱉었다.

"우리 같은 무지렁이들이 할 일이 뭐 있겠어? 술 마시고 잊어버리면 그만인 게지."

"그러긴 하지만 돌아가는 세상 꼴이 하도 험해서 하는 소리지."

주모는 승업의 잔에 넘치게 술을 따라 주었다.

날이 갈수록 장승업은 더더욱 기행을 일삼았다. 내처 술만 마시다가 어느 날은 무언가에 들린 듯 정신없이 그림을 그렸고, 또 어떤 때는 정신 나간 사람처럼 사물을 멍하니 바라보고 있거나 어떤 날은 그림 그리는 일은 제쳐 두고 술만 마셔 댔다.

사람들은 장승업에게 인색하지 않았고, 장승업 역시 사람들에게 인색하지 않았다. 부자들은 자신의 사랑방을 장승업에게 내주고는 귀빈 대접해 가며 그림을 그려 달라고 부탁했다. 기름진 안주와 술, 그리고 시중드는 여자까지 곁에 붙여 주었다. 머슴을 살던 이전의 장승업으로 서는 감히 상상도 해 볼 수 없는 호사였던 것이다. 먹을 것과 잠잘 곳을 걱정하지 않아도 되고, 술은 언제나 떨어지지 않았으며, 불편함이 없도록 자신을 보살펴 주는 여자가 있었으니 장승업은 오로지 그림만 그리면 됐다.

그러나 장승업은 한곳에 얽매이는 것을 싫어했다. 아무리 주인의 환대가 극진해도 장승업의 바람기는 잡아 놓을 수 없었다. 사람들은 잘 먹고 잘 지내는 것이 삶의 목표였지만 그 풍족하고 호사스러움은 장승업에게 있어서는 하찮은 것이었다. 장승업의 바람기가 더하면 더할수록, 그가 마신 술의 양이 늘어나면 늘어날수록 그의 그림에는 고스란히 자연의 바람결이 스며들어 있었다. 매화 그림을 보고 있노라면 매화 향이 코끝에 감도는 듯했고 나뭇가지가 바람결에 흔들리는 듯했다.

사실 붓을 휘두르는 듯 그리는 장승업의 필법은 종이 때문에 완성된 것이기도 했다. 한지보다는 중국에서 들어온 선지에 그림을 그리기 좋아하는 장승업은 누구보다 선지의 성질을 잘 알고 있었다. 예전에 지전에서 종이들을 만지고 그림들을 대하면서부터 종이의 성질에 대해 일찌감치 눈을 뜨게 됐던 것이다. 중국의 선지는 먹이 빨리 번지므로 붓의 놀림이 그만큼 빠르고 확실해야 선지의 장점을 살릴 수 있었다.

그렇지 않으면 금방 그림을 망치게 되거나 종이가 찢어져 버려 못쓰게 되었다. 당시 화원들은 한지를 많이 썼고, 선지의 장점을 살릴 수 있는 화원은 그리 많지 않았다. 장승업 이전에는 단원이나 몇 명의 화가들이 화선지를 사용하기도 했지만 다들 선지에 그림을 그리는 일을 그다지 좋아하지 않았다.

장승업은 화선지의 매력에 이끌렸다. 남김 없이, 순식간에 빨아들이는 그 성질이 마치 자신을 닮은 듯했다. 장승업은 지전에서 화선지를 만질 때마다 그 순백의 종이 안에 저만의 세상을 담아 보고 싶었다. 아무도 따라할 수 없는, 자신만의 그림을 그리고 싶었다. 선지에 자유롭게 그림을 그릴 수 있기까지 장승업은 수없이 많은 종이들을 버리고 또 버렸다. 그만큼 실망도 컸다. 장승업의 위대한 작품은 그저 쉽게, 그리고 우연히 얻어진 결과가 아니었다. 그 실망과 좌절 앞에서 장승업은 결코 포기하지 않았다.

한데 어느 날 장안이 술렁였다.

"방금 뭐라고 했어?"

"글쎄, 장승업이 장가를 간대."

"오원이?"

한 선비가 눈을 동그랗게 뜨고 소문을 묻는 다른 선비의 얼굴을 쳐다보았다.

"그렇다니까."

"설마?"

"허허, 이 사람. 나도 처음에 그랬어."

"그 사람도 별 수 없는가 보네. 장가를 간다는 것이."

그렇게 대답은 했지만 아무래도 믿기지 않는다는 표정을 지었다.

"언젠데?"

"오늘이래."

"오늘?"

"허, 참. 그 사람답구먼."

"잘살 수 있을까? 워낙 바람 같은 사람이라 말이지."

사람들은 장승업의 결혼을 아무래도 믿지 못하겠다는 눈치였다. 장승업의 나이 마흔 살이었다. 남들은 이미 오래전에 결혼해 장성한 아이들을 두고 있을 나이였지만 장승업은 불혹이라는 나이가 되어서야 인륜지대사라는 결혼을 하게 된 것이다.

"오히려 더 잘된 일인지도 모르지."

"아니야. 오래가지 못할걸?"

"이 사람아 무슨 악담은. 잘살기를 바래야지."

"오원이 어떤 사람인가? 술과 여자가 있어야만 좋은 그림을 그리지 않던가? 게다가 방랑벽은 또 어떻고?"

"그러니 이제부터라도 안정을 찾아 이전보다 더 많은 그림을 그려야지."

"자네 말이 맞으이. 아내가 있으니 술을 덜 마실 테고, 술에 취해 있는 날도 그만큼 줄어들 터이니 이전보다 더 활발하게 그림을 그릴 거야."

"그랬으면 오죽 좋겠나."

사람들은 그의 결혼 생활에 의구심을 품었다.

"한데 아내가 될 여자는 누구야?"

"글쎄. 기생이라지, 아마?"

"그 많고 많던 여자들은 다 어떻게 할꼬?"

"이 사람아, 무슨 말을 그렇게 하나? 이제부터라도 잘살았으면 좋겠 구먼."

그들의 말처럼 승업에게는 많은 여자들이 있었다. 저잣거리 초입에 있는 주막집에도 있었고, 청사초롱이 내걸린 근사한 기와집의 기생집 에도 여자가 있었다. 또 부잣집에서 묵으며 그림을 그릴 때 시중들던 여자도 있었고, 오다가다 만난 여자도 있었다. 하지만 그 여자들은 어 디까지나 어머니와 같은 존재들이었다. 자신에게 영감을 주고, 휴식 을 주고, 뼛속까지 사무치는 외로움을 달래 주고 어루만져 주던 사람 들이었다.

늘 떠돌면서 바람과 벗하고, 술을 끼고 사느라 정작 결혼에는 관심 이 없던 장승업이 한 여자와 결혼을 한다는 사실은 사람들에게 조금은 낯설었다. 게다가 그가 마흔 살이 되도록 결혼하지 못한 이유가 한 가지 더 있었다. 바로 가난 때문이었다. 그가 결혼할 나이가 되었을 때는 그냥저냥 여기저기를 뜬구름처럼 떠돌며 남의 사랑방에서 기숙하고 얻어먹는 처지였던 터라 식솔을 거느린다는 것은 승업에게 있어서 너무 큰 부담이었다. 그렇다고 나중에라도 그림을 팽개치고 다른 일을 해 가족을 부양할 수도 없었다. 때문에 그동안 승업은 결혼은 꿈도 꾸지 못했던 것이다. 그런 그가 결혼을 하다니.

아니나 다를까. 장승업은 첫날밤을 치른 후 자신이 큰 실수를 했음을 깨달았다. 문득 눈을 떠 보니 장승업은 아차 싶었던 것이다. 자신의 삶을 꾸려가기도 벅찬데 거기에 한 사람의 삶마저 책임져야 한다는 사실에 장승업은 우선 눈앞이 캄캄해졌다. 게다가 끊임없이 이어질 여자의 잔소리와, 시시때때로 양식이며 생활비를 들여놓아야 할 일도 걱정스러웠으며, 또 가장으로서 해야 할 자질구레한 일들을 생각하니 생각만으로도 숨이 막힐 듯했다. 벌써 몸과 마음이 지쳐 버렸다. 좋은 그림이란 육신과 생각의 자유로움 속에서 탄생되는데, 몸과 영혼이 어딘가에 속박돼 있으면 좋은 그림을 얻기가 힘들어지는 것이다. 결혼이라는 제도 역시 장승업에게는 답답하고 골치 아픈 것이었다.

승업은 옆에 누워 고른 숨을 쉬고 있는 여자를 돌아보았다. 간밤에 부부 인연을 맺은 여자는 아무것도 모른 채 깊은 잠에 빠져 있었다. 혼자 장사를 하며 험한 세월을 살아오느라 마늘각시(마늘같이 하얗고 반반하게 생긴 각시) 같은 단아하면서도 고운 자태는 잃어버렸지만 코와 입

언저리에는 아직 고운 구석이 남아 있었다. 장승업은 날이 밝자마자 슬그머니 옷을 꿰입고 도망쳐 버렸다. 자신을 보고 시집온 부인한테는 미안한 일이었지만 어쩔 수 없었다. 그렇다고 부인 곁에서 잘해 줄 자신도 없었다.

장승업이 하룻밤을 치르고 도망쳤다는 소문은 빠르게 퍼져 나갔다. 사람들은 그러면 그렇지하고, 고개를 끄덕였다. 한쪽에서는 장승업답다 했고, 또 한쪽에서는 좋은 그림을 많이 그릴 수 있을 것이라고 생각했는데 기대가 무너져 실망스럽다고 했다. 이제는 나이도 먹었으니 술도 줄이고 한곳에 붙박여 살면서 그림이나 그리면 오죽 좋았겠냐며 아쉬워하기도 했다. 하지만 승업에게 있어 가정은 구속 그 자체였다.

그러나 당시 남자들은 정식으로 혼인한 부인말고도 소실을 두는 경우가 많았다. 장승업 역시 예외가 아니었다. 이미 그에게는 박성녀라는 이름을 지닌 기생 출신의 소실이 있었다. 결혼이라는 제도가 주는 억압과 가족을 부양해야 한다는 부담감을 주지 않는 그런 여자이기도 했다. 장승업은 본 부인에게는 하룻밤 만에 도망쳐 버렸지만 그 소실에게서는 심신이 지칠 때면 기별 없이 찾아가 며칠씩 묵다 오곤 했다.

9. 장승업의 화풍

　나이 사십을 넘어서면서부터 장승업의 천재성은 더욱 빛을 발하였
다. 예전에 그의 산수화는 산들이 들쭉날쭉 키 재기를 하고 나무와 숲
은 바람에 일렁이는 듯 힘찬 기운이 느껴졌지만 사십을 넘기면서부터
그의 산수화는 좀 더 세밀한 관찰을 통해 차분하게 가라앉기 시작했
다. 예전 장승업의 그림에서는 바람 스치는 소리가 들리는 듯했다면
사십을 넘어서면서부터는 어딘지 고적하면서도 여유마저 느껴졌다.
여기저기 과장되고 왜곡돼 있는 사물들이 보다 더 사실적이 돼 가면서
안정감이 있어 보였다. 술과 여자로 나날을 격정적으로 보냈지만 그의

내면은 갈수록 고요하게 가라앉으며 현실을 날카롭게 직시해 가고 있었다.

하루는 장승업과 같은 시대에 살면서 그와 쌍벽을 이루며 이름을 드날리던 문인화가 석정 이정직이 장승업이 그린 열 폭 병풍을 보고 부러워했다.

"예전에 오원의 그림을 보면 묵에는 이미 통달하였으나 필은 어딘지 부족함이 느껴져 참으로 안타까웠는데, 이 그림 열 폭을 보니 이젠 필묵에 완전히 통달하였구나. 참으로 놀라지 않을 수 없구려."

석정은 승업의 열 폭 병풍에서 한동안 눈을 떼지 못했다. 석정이 그토록 부러워한 열 폭 병풍에는 새와 나무, 사슴과 영지, 닭과 맨드라미, 참새와 고양이 같은 화조영모가 그려져 있었다.

"하긴 신운이라는데, 오원이 그리지 못할 것이 뭐 있겠소? 참으로 그대의 재주가 부러울 뿐이오."

"과찬이시오."

"내가 왜 빈말을 하겠소?"

석정은 마냥 승업의 재능이 부러운 표정을 지었다. 그런 석정 이정직은 소치 허유의 제자이며, 소치는 추사 김정희의 제자이기도 했다.

석정이 그랬던 것처럼 사람들의 부러움을 산 것은 산수화만이 아니었다. 장승업은 인물화에도 남다른 애착을 지니고 있었다. 도연명이나 왕희지 같은 인물들은 장승업의 가슴속에 언제나 살아 꿈틀대고 있었다. 육조 제일의 시인으로 일컬어지는 도연명이나, 서성으로 불리는 왕희지 같은 사람들은 늘 장승업의 마음속에 살아 있었다. 그들이 누구이던가. 명문 출신이었지만 중앙 관직에 연연하지 않은 인물들이 바로 그들이었고, 특히 왕희지는 못에서 유유히 헤엄치고 있는 거위의 움직임을 보고 자신만의 서체, 곧 왕희지 체를 완성하지 않았던가. 더욱이 거위 한 마리를 얻기 위해 산음이라는 곳에 사는 어느 도사에게 글씨를 써서 건네준 일화는 너무나 유명한 이야기이지 않던가.

장승업은 마치 자신이 그들을 닮았다고 생각했다. 자신은 비록 천민 출신으로 그들과 신분은 다를지언정 예술가가 갖는 그 청렴하고 올곧은 기개만은 서로가 공통점이 있다고 생각했다. 때문에 장승업은 그들을 인물화의 대상으로 자주 그렸다.

하지만 항간에서는 장승업의 작품을 두고 수군거렸다. 그가 그린 인물화가 지나치게 중국적이라는 것이었다. 의습이라든지, 얼굴 생김새, 혹은 머리 모양 등이 전형적인 중국풍이라는 것이다.

어느 날 사람들은 장승업의 인물화를 가운데 두고 빙 둘러앉아 있었다. 그들이 들여다보고 있는 그림은 왕희지가 바위에 기대어 앉아 헤엄치는 거위를 바라보고 있는 그림이었다. 장승업이 그린 그림은 중국의 〈시중화〉 가운데 한 장면을 자신의 그림으로 취한 그림이었다. 왕희지의 소매 끝과 얼굴, 그리고 왕희지 곁에서 시중을 들고 있는 동자의 옷에만 채색이 엷게 가미된 그림이었다.

"그의 인물화는 지나치게 사대적이야. 천하의 장승업도 인물화만큼은 별 수 없는 모양이지."

"세 사람이 시간을 묻고 있는 모습이나 꽃과 동물을 그린 열 폭 병풍도 그러하고, 왕희지가 황정경을 쓰는 모습을 봐도 그렇지."

"인물들도 한결같이 중국인들 일색이야. 왕희지, 예찬, 도연명 같은 역사적 인물은 물론이고 신선의 모습도 중국인이지. 그뿐만이 아니라 인물 구성도 상해 지역에서 유행하고 있는 구성을 따르고 있지 않나?"

"유독 인물화에서만 중국적인 이유는 무엇일까?"

"아마도 그가 대부분을 중국의 고사성어에 나오는 인물들이나 불교나 도교에 나오는 인물을 즐겨 그리기 때문이 아닌가 싶네. 인물은 중국인인데, 어떻게 우리 옷을 입히겠나."

"하지만 말이야. 그의 인물화에 나타나 있는 신비로운 미소는 가히 일품이지 않은가. 누가 그 미소를 흉내 낼 수 있겠는가. 단원 김홍도 선생의 그림에서도 찾아볼 수 없는 미소지 않나."

그 말에 다들 고개를 끄덕였다. 장승업의 인물화가 다른 소재에 비해서 특히 중국적이며 모화적, 사대적이라는 비난을 받았지만 그의 인물화에 나타난 미소만큼은 흠을 잡을 수 없었다. 하지만 장승업은 사람들이 수군거려도 신경 쓰지 않았다. 그들은 자신의 그림을 볼 줄 몰랐던 것이다. 물론 승업의 인물화가 왕희지나 도연명처럼 중국의 고사성어에 등장하는 인물들을 그리긴 했지만 그렇다고 화법까지 중국식을 차용한 것은 아니었다. 진한 필선 위에 옅은 묵선을 잇대어 강조한 수법이나 자연스럽게 흐르는 옷의 주름들과 인물의 모습은, 어디까지나 단원 김홍도가 그의 인물화에서 즐겨 그렸던 신선도 묘법이었다.

승업은 단원이 그려 보였던 인물화의 기법에 자신의 필법을 얹어 그린 것뿐이다. 기이한 얼굴이나 입가에 피어나 있는 신비로운 미소는 장승업 자신만의 개성인 것이다. 알 듯 모를 듯 잔잔하게 머금고 있는 미소는 어지러운 세상을 초월한 사람만이 가질 수 있는 미소가 아니던가. 장승업의 인물화를 두고 수군거리는 사람들은 진정으로 장승업이 그리고 싶었던 세상을 보지 못한 것이다. 겉으로 드러나는 것만 보았지, 안에 감추어진 진실은 보지 못했던 것이다.

왕희지나 도연명이 누구던가. 그들은 권력과 돈을 미련 없이 내팽개치고 고향으로 돌아와 자연의 일부분으로 여유롭게 살았던 인물들이 아니던가. 그들이 지금 세상을 어지럽히고 백성들의 고혈을 쥐어짜는 탐관오리들처럼 악착같이 개인의 권력과 재물을 위해 살았더라면 장승업은 그들을 한갓 새나 고양이나 꿩이나 말보다도 더 하찮게 여겼을 것이다.

그랬다. 장승업은 그들을 통해 은근히 자신의 심정을 표현하고 싶었다. 지금 세상이 어디 사람이 살 만한 세상이던가. 살 수만 있다면 도연명처럼, 왕희지처럼, 아니면 신선처럼 그렇게 세속을 초월해 살고 싶었다.

그는 또 인물화를 그릴 때 채색을 사용하지 않고 필선만으로 그리는 방법(백묘법)을 즐겨 사용하였다. 백묘법은 그림의 성인이라 불리는 중국의 오도자나 이공린이 즐겨 사용하였던 기법이었다. 이런 기법은 아무나 사용할 수 없었다. 채색을 하지 않으므로 한 번 실수한 필선을 채색으로 감출 수 없었기 때문에 아주 뛰어난 그림 솜씨를 요구했다. 더욱이 필선만으로 인물의 입체감이나 동작과 표정을 모두 표현해 내야 하므로 그리기가 쉽지 않았다. 장승업만이 이 백묘법을 아주 능숙하게 사용할 수 있었다.

그림들은 하루가 갈수록 더욱 달라지고 있었다. 장승업의 그림은 늘 변화하고 있었고, 나날이 그 깊이를 더해 가고 있었다. 그도 그럴 것이 장승업은 사람들의 칭찬에 만족하지 않고 끊임없이 새로운 화풍을 받아들이고, 또 연구하며, 그것을 자신의 것으로 만들어 나갔다. 그것은 곧 장승업만의 개성과 양식과 회화 세계를 완성해 나간다는 의미였다.

장승업은 석정 이정직의 말처럼 그리지 못하는 것이 없었다. 풀밭에 살포시 내려앉은 메추라기나, 억세 보이는 가지 위에 올라앉은 꿩이나, 사냥감을 주시하며 숨을 죽이고 있는 매나, 그것들은 무시로 장승업의 손끝에서 생동감 있게 살아났다. 장승업이 그린 매는 그 깃털 하나하나가 살아 있는 듯했고, 눈빛이 살아 있는 고양이는 만지면 금방 토실토실한 질감이 느껴질 것만 같았다. 또 금방이라도 달려 나갈 듯

숨을 고르고 있는 말은 너무나 사실적이었으며 나무들은 호방하고도 힘이 넘쳐 보였다.

사십 중반에 이르러 그의 인물화와 산수화는 가장 원숙한 경지에 올랐다. 하지만 그가 즐긴 그림들은 화조영모화와 기명절지화였다. 말 그대로 화조영모화는 꽃과 새와 털을 지닌 동물들의 그림이었고, 기명절지화는 서양의 정물화에 가까운 그림이었다.

장승업이 그린 화조영모화는 우선 다양한 소재와 함께 날카로운 관찰력과 치밀한 묘사가 돋보였다. 하지만 장승업은 사람들의 칭찬에 안주하지 않았다. 그럴수록 더욱 화법을 연구하고 공부하였다. 그침 없는 정진, 그 길만이 정식으로 글자를 배운 적 없는 장승업이 살아남는 길이었다.

10. 그림을 그리는 또 다른 이유

천재 화가라는 현실의 평가에 만족하지 않고 끊임없이 공부하고 사물을 관찰하는 장승업을 아끼는 사람들은 많았다. 사람들은 흔쾌히 자신의 사랑방을 내주며 장승업이 그림에만 전념할 수 있도록 도와주었다. 양반 제도가 엄존하던 시대에 신분이 보잘것없던 사람을 그토록 극진히 대접하며 곁에 두는 일은 흔치 않은 일이었다. 더욱이 그들은 한결같이 이름만 대면 알 수 있는 권력자들이거나 남부러울 것 없는 재력가들이었다. 고아에다 출신도 낮고, 글공부마저 짧은 장승업을 아끼고 보살펴 준 데는 그만큼 장승업의 그림이 훌륭했기 때문이었다.

그들 가운데는 한 나라의 최고 권력자인 임금도 있었고, 지금의 장관급에 해당하는 사람도 있었으며, 세도가들이 부럽지 않은 거부들도 있었다. 처음 장승업을 거두어 주고 그림을 그릴 수 있게 해 준 이응헌은 물론이고, 역관 출신으로 나중에 정이품 한성부 판윤까지 지낸 변원규, 고종의 명을 거역한 벌로 옥살이를 하던 장승업을 구해 준 민영환, 동농 김가진, 석운 권동수, 우복열의 부친 난사 유병각과 오경석, 오경연 형제 등 당대의 내로라하는 재력가와 권력자가 장승업의 든든한 후원자 역을 맡고 나섰다. 뿐만 아니라 지방의 수령은 물론 술 인심이 푸진 저잣거리의 아낙까지 기꺼이 그의 후원자가 되었다.

그러나 장승업은 아무리 자신을 후원할지라도 그들이 자신의 그림을 돈이나 권력으로 구하려 할 때는 그리지 않았다. 심지어 그림을 그리지 않는 대신 목숨을 내놓는 일이 있다 할지라도 장승업은 권력과 재물에 굴복하여 그림을 그리지 않았다. 대신 술과 인심과 자신의 작품을 좋아하는 마음으로 구하려 할 때는 그 자리에서 웃옷을 벗어 버리고 붓을 휘날려 그림을 그렸다.

사람들은 이런 장승업의 성품도 좋아했다. 그림으로 인해 재물과 권력을 손에 쥐었음에도 불구하고 출세와 재물에 연연하지 않고, 자유분방하면서도 진지한 그의 자세에서 진정한 예인의 모습을 보았고, 또 그의 작품들에서 뛰어난 예술성을 보았다. 오로지 방랑으로만 이어진 그의 삶과 그림에 대한 열정이 그를 만석의 재물과 세상의 권력을 가진 사람보다 더 우러러 보게 만들었다.

정처 없이 여기저기를 뜬구름처럼 떠도는 그의 인생처럼 그림 그리는 일도 거침없었다. 사람들은 서로 장승업을 데려가기 위해 사람을 시켜 자신의 집에 머물도록 청을 넣는 경우까지 생겼다. 이응헌의 집은 물론이고, 민영환, 변원규의 사랑방은 장승업에게 안락한 잠자리와 기름진 음식을 제공했고, 나아가 그가 더 폭넓은 미술 세계를 접할 수 있도록 만들어 주었다. 그것은 장승업에게 있어서는 큰 축복이었다. 그리고 그가 당대 최고의 화가로 거듭날 수 있는 계기가 되었다.

그렇듯 한곳에 붙박이로 지내면서 자신의 세계만 고집하지 않고 이집 저 집, 이곳저곳 떠돌면서 마주치게 되는 세상의 다양한 모습들은 그의 그림에 많은 영향을 끼쳤다. 또한 재력가의 집에서 기거하는 동안 그들이 수집해 온 중국의 귀한 작품들을 직접 감상하면서 자신의 그림 세계를 점검하기도 했다.

장승업은 이렇듯 내로라하는 집안의 든든한 후원을 받으면서 그림에만 정진할 수 있게 되었다. 급박하고도 불안한 국내 정세와는 상관없이 승업은 그 시기에 오히려 활발한 작품 활동을 할 수 있었다.

그러나 장승업은 가난한 사람들을 보면 마음이 편치 않았다. 나라가 기울어 가면서 도처가 뒤숭숭했다. 곳곳에서 도적들은 출몰했고, 돌림병이 창궐했으며, 전쟁에 대한 두려움과 천재지변으로 배고픈 백성들은 하루하루가 힘들었다.

장승업은 다행히 하늘이 준 재능이 있었기에 배고픔은 면할 수 있었다. 그 재능을 보다 더 연마하여 사람들이 자신이 그린 그림으로부터 위안을 얻는 것만이 유일하게 현실에서 도망칠 수 있는 길이었다. 자신에게 큰 힘이 있어 그들을 도울 수도 없었고, 그들을 배불리 먹여 줄 수도 없었다. 오로지 자신에게는 그림 그리는 일밖에 없었다. 그림은 곧 도피처였다. 때문에 장승업은 가난과 탐관오리들의 폭압에 고통 받는 사람들을 보면 볼수록 더욱 그림에 정진했다.

11. 신의 손

승업은 요 며칠 동안 술에 푹 절어 있었다. 당시 장승업은 변원규의 집에 머물고 있었다. 변원규는 구한말의 역관으로서 청나라와의 외교 업무에 깊이 관여했던 인물이었다. 《고종순종실록》에 의하면 변원규는 44세 때인 1880년부터 외교교섭 관계로 청나라를 왕래하기 시작했고, 5년 후인 1885년에는 49세의 나이로 처음으로 정이품 한성부 판윤에 임명된 인물이었다. 특히 고종의 두터운 신임을 얻은 변원규는 중인으로서는 하기 어려운 한성부 판윤 벼슬을 여러 차례 역임했다. 한성 판윤은 지금의 서울특별시장이었다.

변원규는 이응헌처럼 서화 감상과 수집 취미가 있었으며, 당시 중인 출신 문예계 인사들과 교류가 많았다. 장승업은 그가 수집한 진귀한 작품들과 진본들을 보면서 끊임없이 공부를 했다. 대부분 중국에서 들여온 새로운 화풍의 그림들이었다. 그것은 상해파(1840년 아편전쟁 이후, 상하이에 많은 상인들과 화가들이 몰려 들면서 불어온 감각적이고 대중적인 문화 경향)로 일컫는 그림들이었다. 장승업은 그들의 그림을 본받되, 단순한 모방으로 그치지 않고 자신만의 세계와 화풍을 완성해 나가기 위해 끊임없이 그들의 그림을 연구하고 모사했다.

변원규는 승업의 성품을 아는지라 채근하지 않고 그가 하는 대로 가만 내버려 두었다. 그리고 여종에게 시켜 장승업이 원하는 대로 모든 것을 다 해 주라고 지시해 놓았다. 술을 원하면 술을 주도록 했고, 여자를 원하면 여자를 곁에 두도록 했다. 변원규 역시 좋은 그림은 강요한다고 해서 얻어지는 게 아님을 누구보다도 잘 알고 있었기 때문이었다. 장승업이 하는 일 없이 마냥 빈둥거리고만 있는 듯 보여도 기실 장승업의 내부에는 그림에 대한 욕망이 샘물 고이듯 그렇게 고이리란 사실을 알았던 것이다. 변원규는 그림에 대한 열망이 속으로 쌓이고 쌓여서 마침내 분출되듯 그려지는 그림이 최고라는 사실을 알고 있었다. 변원규는 그때를 조용히 기다릴 줄 알았다.

승업은 술에 취해 신운이 돌 때를 기다렸다. 그 사이에 많은 사람들이 자신의 그림을 보기 위해 다녀갔지만 장승업에게 그들의 기다림은 그리 중요하지 않았다. 내부에 고이는 감흥을 주체할 수 없을 때에만 붓을 들었다.

밖은 살랑살랑 바람이 불고 있었고, 승업은 취기를 즐기며 여자의 다리를 베고서는 밖을 쳐다보고 있었다. 봄인가 싶더니 그새 여름이었다. 승업은 여자가 부쳐주는 부채 바람에 기분이 좋아져서 낮잠을 한숨 청하고 싶었다. 하여 자세를 고쳐 잡았다. 그때, 창공을 가로지르며 새 한 마리가 날고 있었다. 경망스럽게 날개를 파닥이지 않고, 큰 날개를 좍 편 채 바람에 실려 유유히 떠다니고 있었다. 그 새를 보고 있자니 승업은 가슴 밑바닥에서부터 사납게 올라오는 뜨거운 기운을 느꼈다. 설렘이었다. 장승업은 고개를 쭉 빼 들고 새를 쫓았다. 그 새로 인해 기분 좋던 졸음은 달아나 버리고 없었다. 새는 보이지 않았다. 날개에 바람을 실은 새는 하늘을 가로질러 어디론가 날아가 버렸던 것이다. 장승업은 적이 실망스러웠다. 거침없이 하늘을 나는 새의 자유와 비상이 너무나 부러웠다. 자신에게도 그 같은 날개가 있었으면 좋겠다고 생각했다. 그렇다면 더 많은 곳을 가 볼 수도 있을 테고, 더 많은 사람을 만나 볼 수도 있을 것이다. 또 새로운 화풍 속에 등장하는 중국의 산천들도 볼 수 있을 것이다.

어느새 멀리 날아가 버린 줄로만 알았던 새가 이내 다시 날아와 승업이 있는 방 앞마당의 나무 우듬지에 내려앉았다. 그리고는 무언가를 노려보았다. 눈은 매섭고 발톱은 억세고 날카로웠으며 깃털은 윤기가 홀렸다. 미풍에 깃털 끝이 부드럽게 휘날렸다. 그 모양새가 늠름한 장군의 모습을 닮아 있었다. 장승업은 행여 새가 날아가 버릴까봐 움직임을 줄인 채 새를 지켜보았다. 새 또한 움직임을 줄인 채 한곳만 노려보았다.

필시 먹잇감을 지켜보고 있을 텐데, 새가 노리고 있는 먹잇감은 승업에게는 보이지 않았다. 승업은 새의 표적이 되고 있는 작은 곤충이나 동물이 불쌍했다. 그들은 조만간 닥칠 자신들의 불행한 사태를 짐작이나 할 수 있을는지. 장승업은 새의 움직임을 놓치지 않았다. 그러다 어느 순간 새는 쏜살같이 풀밭에 내려앉더니 이내 푸드득 날아올랐다. 먹이가 방심하고 있는 사이에 낚아챈 것이다.

승업은 자리를 박차고 일어났다. 한없이 게으르게 누워 있던 장승업이 갑자기 일어나는 바람에 술병이 넘어지면서 안에 있던 술이 바닥으로 쏟아졌다.

"아이고, 간이 다 떨어지겠네. 무슨 일이래요? 무슨 일이기에 이렇게 사람 가슴을 다 놀래킨대요?"

여자는 놀란 가슴을 쓸어내리며 얼른 술병을 치웠다.

"종이와 붓! 빨리!"

장승업은 종이와 붓을 찾았다. 이미 변원규에게서 지시를 받았던 터라 여종은 장승업이 언제든지 곧바로 그림을 그릴 수 있도록 준비해 놓고 있었다. 그의 몸에서는 아직 술 냄새가 고약하게 풍겨났지만 눈빛만큼은 형형했다. 승업은 붓을 잡더니 거침없이 종이를 채워 나갔다.

승업은 일단 그림에 몰두하면 옆에 누가 있건 없건 상관하지 않았다. 승업의 머릿속에는 오로지 그림 밖에 없었다. 밑동 굵은 나무가 종이 안에 그려지는가 싶더니 이내 두 마리의 매가 그 나뭇가지에 앉아 있는 그림이 탄생했다. 고목은 진한 먹을 써 힘차게 표현했고, 꽃과 풀은 연하게 채색을 하여 고목과 대조를 이루는 그림이었다. 고목의 윗가지에 올라앉은 매는 금방이라도 먹잇감을 낚아채러 갈 듯 날카로운 눈빛을 하고 있었고, 아랫가지에 앉은 매는 날개를 접은 채 제법 여유 있는 모습이었다. 두 마리 다 발톱이 한번 걸리면 살아남기 힘들만큼 억세 보였고, 눈빛 또한 살아 있었다. 그럼에도 깃털들은 바람에 흔들리는 듯 한없이 가벼워 보였다. 진하지 않은 채색으로 그는 매의 용감함과 깃털의 부드러움과 나무의 힘찬 생명력을 과장되지 않게 표현해 내고 있었다.

"역시 신품이야. 신의 손이 아니고서야 어찌 이런 그림을 얻을 수 있겠나."

언제 왔는지 변원규를 비롯한 많은 사람들이 마른침을 삼키며 장승업의 그림을 바라보았다.

"그러게. 저 새의 눈빛 좀 봐."

"발톱과 부리는 또 어떻고. 암수 한 쌍인가?"

"히야. 아무리 봐도 걸작이야. 내 이때껏 숱하게 매 그림을 봐 왔지만 오늘 이 매 그림만큼 역동적인 그림은 보지 못했어."

"정말, 오원은 오원이야."

다들 놀라운 얼굴로 방금 탄생한 매 그림을 보고, 또 보았다. 붓을
놓은 장승업은 다시 술병을 집어 들었다. 하지만 조금 전에 술병이 넘
어지면서 안에 있던 술은 남아 있지 않았다.

"술이나 가져와."

마치 마법에서 풀려난 사람처럼 장승업은 붓을 놓자마자 벽력같이
소리를 질렀다. 조금만 늦는다면 또 집안이 시끄러울 게 뻔하였으므로
이제까지 승업의 술 시중을 들던 여종은 지체 없이 술상을 봐 왔다.

장승업은 기갈이 든 사람처럼 벌컥벌컥 술을 마셨다. 지저분하게 난
수염을 타고 술이 흘러내렸다.

"귀신이 오원의 손을 빌어 그린 그림이야. 아믄. 제 아무리 천재 화
가라도 어떻게 사람의 손으로 이런 그림을 그릴 수 있겠냔 말일세."

승업은 자신의 그림을 두고 연방 감탄사를 터뜨리는 사람들을 심드
렁하게 바라보며 술을 마셨다. 금세 여종이 가져온 술은 바닥이 나 버
렸다. 한번 마셨다 하면 정신이 나갈 정도로 마시는 장승업인지라 곧
바로 그의 호령이 떨어졌다. 술은 금방 다시 채워졌다.

바로 이 그림이 우리나라 매 그림 중에서 가장 완벽하다는 평을 받
고 있는 〈호취도(豪鷲圖)〉였다. 전통적으로 매가 영웅을 상징하는 우리
나라에는 매 그림이 많았다. 힘차게 비상해서 여유 있게 하늘을 날며

지상을 바라보는 품새가 신령스러운 존재로 여겨졌기 때문이었다. 더욱이 신령스럽게 여겨지는 매는 악귀를 물리치고, 당시 사람들 사이에서 기승을 부리는 마마(천연두를 달리 이르는 말)를 치료하는 힘이 있다고 믿어 부적으로도 많이 사용하였다. 또한 삼재(三災: 세 가지 재앙. 물, 불, 바람)가 드는 사람들은 그것을 면하기 위해 설날에 문설주에 매 그림을 붙여 놓아 재앙을 막는 방편으로 삼기도 했다. 다리 하나에 머리가 셋 달린 매의 그림은 전형적인 삼재 부적 그림인 것이다.

기별을 듣고 왔는지 제자인 조석진과 안중식이 방금 장승업이 그린 〈호취도〉를 보고는 놀란 표정을 지었다.

"지금까지 있었던 매 그림 가운데서 선생님의 매가 최고입니다."

"정말 선생님의 매는 금방이라도 하늘로 비상할 것만 같습니다."

승업은 그들의 말을 흘려들으며 방금 자신이 그린 그림을 보았다. 스스로도 자신이 그린 것이라고 믿어지지 않았다. 승업은 조금 전 가슴 밑바닥에 고이던 설렘을 상기하고는 심상하게 대답했다.

"내가 그린 게 아니야."

"그게 무슨 말씀이십니까?"

"신이 그린 거야."

장승업은 건성 대답하고 다시 술을 달게 들이켰다. 그러면서 생각했다.

그림 속 매의 눈빛이 스러져 가는 나라를 안타까워하는 자신의 눈빛을 닮았다고. 눈 부릅뜨고 발톱 세운 채 호시탐탐 이 나라를 집어삼키려고 기회만 엿보고 있는 열강으로부터 자신을 지켜내고, 나라를 지켜내고 싶은 자신의 마음이 드러나 있다고.

하지만 굳이 입 밖에 내어 말하지 않았다. 그림 앞에서 불필요한 말은 공연한 사족에 불과할 뿐이었다.

12. 그저 자유로운 그림쟁이이고 싶어라

장승업의 이야기를 들어 알고 있던 고종은 어느 날 장승업을 궁으로 불러들였다. 장승업의 천재성은 바람을 타고 구름을 타고 그렇게 구중 궁궐까지 날아 들어갔다. 출신이 보잘것없는 사람이 궁에 들어가 높디 높은 임금을 배알한다는 일은 큰 사건이었다. 더욱이 평민이 과거 시험도 보지 않고 벼슬을 얻는다는 일은 거의 불가능했던 시기였던 터라 말직이나마 벼슬을 한다는 것은 큰 경사가 아닐 수 없었다. 다들 궁으로 들어가지 못해 안달을 부리는데 장승업은 가만있어도 임금이 먼저 알아보고 불러들였던 것이다.

화원으로서의 삶. 그것은 본격적으로 직업 화가의 길을 걷는다는 의미였고, 그만큼 나라에서 그림 실력을 인정해 준다는 뜻이기도 했다. 화원으로 임명받는 것은 그림을 그리는 사람들에게 있어서는 너무나 크나큰 영광이자 기쁨이었다. 더욱이 당시의 화원들은 그 재능의 특성상 세습되는 경우가 많았다.

그러나 장승업은 전혀 기쁘지 않았다. 이제까지 많은 사람들의 도움을 받으며 생활해 왔지만 항상 좋은 집에서 편안한 생활을 하며 그림을 그린 것이 아니었다. 장승업은 고관대작의 사랑방에서 편하고, 기름진 안주에 맛 좋은 술을 대접받으며 편히 지내다가도 불현듯 떠나고 싶을 때는 툭툭 털고 길을 떠날 수 있어야 했다. 자신이 떠나고 싶을 때 떠날 수 없다는 사실은 감옥에 갇혀 있는 거나 마찬가지였다. 장승업은 길에서 만나는 풀벌레와 길에서 만나는 나무와 길에서 만나는 세상이 육신을 안온하게 감싸 주는 그것들보다 더 그리울 때가 있었다. 때로는 길에서 비와 천둥과 번개를 만날 때도 있었고, 거친 바람을 맞을 때도 있었으며, 그악스런 추위에 몸이 꽁꽁 얼 때도 있었다. 장승업은 그러면 그런대로 좋았다. 영혼이 자유롭다는 것, 그 자체만으로도 승업은 행복했다. 그림 또한 거침없었다. 누구의 눈치를 볼 것도 없고, 누구의 마음에 드는 그림을 그리기 위해 자신의 영혼을 속이지 않아도 되었다.

장승업은 자신이 마치 바람 같다는 생각이 들었다. 어느 한곳에 매어 있지 않고 훌훌 떠다니는 바람, 곧 자신이 바람이었다. 바람에 대한 생각은 장승업에게 어느 유파에도 얽매이지 않고 그림을 그릴 수 있도록 만들었다. 이제까지 보아 왔던 중국의 새로운 화풍이나, 선배 예술가들의 고아한 작품 세계나 모두가 자신의 그림에 훌륭한 자양분이 되었지만 거기에 얽매이지 않았다. 뿐만 아니라 장승업은 영혼과 육신이 자유로운 만큼 그림을 그리는 일 또한 구애받지 않았다.

종이를 펼치는 곳이 곧 그림을 그리는 곳이었다. 그곳은 길가 너럭바위가 될 때도 있었고, 계곡 물가일 때도 있었으며, 주막집일 때도 있었고, 때론 어느 여염집 싸리문 안마당일 때도 있었다. 장승업은 어느 집 사랑방이나 문간방에서 잘 지내다가도 문득 핏속에 바람기가 돌면 정처 없이 떠돌아다녔고, 그 자유로움을 사랑했다. 무릇 예술가는, 그림을 그리는 이는, 영혼이 자유롭지 않으면 진정한 그림을 얻을 수 없다. 그림 그리는 이 자체가 한줄기 바람이 되고, 한 그루 나무가 되고, 하나의 바위가 되며, 하나의 세상이 되어야 하는 것이다. 그러지 않고서야 살아 있는 그림을 그릴 수 없었다. 그러니 이 모든 자유로움을 내팽개치고 궁중으로 들어가 임금이 명하는 그림을 그리는 일은 장승업에게 있어서 딱히 기쁜 일만은 아니었다.

"뭐하는 겐가? 빨리 채비를 하지 않고."

난감한 표정으로 제자리에 서 있는 승업을 보고 군졸은 채근했다.

나라님의 명을 어길 수는 없었다. 하는 수 없이 장승업은 자신을 데

리러 온 군졸을 따라 궁으로 향했다.

"허허, 자네의 그림이 좋긴 좋은 모양이야. 세상에 자네처럼 운이 좋은 사람이 또 어디 있겠나? 남들은 벼슬을 하기 위해 그 고생인데 말이야."

체구가 작고 얼굴이 쥐처럼 길어 보이는 군졸이 부러운 듯 장승업에게 말했다.

"그것이 어디 좋은 일이겠나. 새가 새장에 갇히는 신세지."

"에끼, 이 사람! 그런 소릴랑은 하지 말게나. 그래도 나라님이 계시는 곳인데 새장이란 말이 어디 될 말이던가."

"그럼 새장이지 않고. 나가고 싶을 때 나가지 못하고, 들어오고 싶을 때 들어오지 못하는 것이 새장하고 다를 바 무언가?"

승업의 말투가 뾰로통했다.

"그래도 이 사람아, 궁궐에 들어가 본 사람보다 못 들어간 사람이 더 많네. 자네는 여하간 복받은 거라고 생각하게."

장승업은 심드렁한 표정으로 이들을 따라 걸었다. 승업의 얼굴은 불콰하게 술이 올라 있었다. 벌써 며칠째 그림에는 손도 대지 못하고 내처 술만 마셔 온 터였다.

"그나저나 이 사람아, 대낮에 이렇듯 술에 취해 있으면 어떡한단 말인가. 그것도 나라님 계시는 곳에 가면서 고약하게스리 술 냄새를 풍기다니."

"허허, 앞날을 미리 예견하면서 사는 사람이 어디 있소? 자네들도 그러지 않았나. 나 같은 무지렁이를 임금님께서 보자고 하실 줄은 어떻게 알았겠남?"

"하긴 자네 말도 일리는 있네. 하지만 장안에서 자네만큼 술을 좋아하는 사람도 드물게야."

"이 재미없는 세상, 뭐로 달래겠나. 그저 술이 제일이지."

승업은 볼멘소리로 말했다. 장승업은 벌써부터 숨이 막힐 것만 같았다. 법도와 예법이 까다롭기 그지없고, 게다가 층층시하의 구중궁궐에서 지내야 한다는 일은 생각 그 자체만으로도 승업의 명치를 눌렀다. 어디 그곳이 마음 놓고 술을 마실 수 있으며, 또 마음 놓고 궁 안을 활보할 수 있는 곳이며, 마음 놓고 사람들과 이야기하며 지낼 수 있는 곳이던가. 거기다가 자고 싶으면 자고, 먹고 싶으면 먹고, 가고 싶으면 가고, 오고 싶으면 올 수 있는 곳이던가. 사람들은 궁으로 불려 가는 자신을 부러워했지만 장승업은 오히려 자유로운 그들이 더 부러웠다.

승업은 구중궁궐의 한 곳으로 안내되었다. 어디가 어디인지도 알 수 없었다. 크고 작은 전각을 지나 한참을 걸어 당도한 곳이었다. 궁궐은 밖에서 보던 것보다 훨씬 더 넓었다. 승업은 도망갈 수 있으면 지금이라도 도망가고 싶었다. 승업은 슬그머니 밖을 살폈다. 하지만 어디로 가야할지 가늠조차 되지 않았다. 승업은 낭패스러운 표정으로 방안을 휘둘러보았다. 장식물이라고는 없는 자그마한 방이었다.

"드디어 자네의 신통한 재주를 나라를 위해 쓸 때가 왔구먼."

조금 있으려니 관복을 차려입은 한 사람이 들어오면서 장승업을 보고 이야기했다. 도화원 책임자였다. 이어 궁녀들이 그림에 필요한 도구들을 챙겨와 방 한쪽에 놓고 나갔다.

"자네는 오늘부터 이 방에서 기거하면서 임금님께서 쓰실 병풍을 그리도록 하게. 필요한 것은 다 갖춰 놓았고, 더 필요한 것이 있으면 언제든지 저 사람들에게 시키면 될 걸세."

그 사람은 밖에 있는 궁녀들을 가리켰다. 장승업은 그들을 보는 듯 마는 듯 건성으로 한번 내다보고는 역시 갑갑한 표정을 지었다. 그들이 놓고 간 붓과 벼루를 보니 고급품이었다.

"밖에 있는 사람들에게 자네를 지키라고 명해 두었으니 여기서 도망치지는 못할 걸세. 그리고 술은 하루에 두어 번, 두세 잔씩 주라고 했으니 그것만 마시게. 여기서의 생활은 밖에서 있을 때와는 사뭇 다를 걸세. 이제 자네는 옛날의 장승업이 아니야. 나라님의 부름을 받고 나라에서 필요한 그림을 그리는 중대한 임무를 갖게 된 거야. 그러니 자네의 소임을 다해야 할 걸세. 만약 명을 어기면 벌을 받을 걸세. 또 여기는 궁 안이므로 저잣거리 다니듯 함부로 나다녀서도 안 될 게야. 무슨 말인 줄은 내 자세히 안 해도 알 걸세. 그리고 높은 양반들 보면 인사하는 것도 잊지 말고."

장승업은 그의 말을 지르퉁한 표정으로 들었다.

"그럼 여기서 자네의 실력을 마음껏 발휘해 보게나. 필요한 것은 언제든지 가져다 줄 테니, 말만 하게."

그는 허험, 낮은 기침을 몇 번 하고 방에서 나갔다. 장승업은 그가 나가자마자 벌러덩 드러누웠다. 이것은 장승업이 바라는 바가 아니었다. 자신은 그동안 벼슬을 바라고 그림을 그린 것이 아니었다. 세상에 술도 없이 그림을 그려야 하다니. 게다가 자신의 투정을 받아 줄 여자도 없이 그림을 그리라니.

승업은 슬쩍 밖을 훔쳐보고는 슬그머니 일어나 신발을 신었다. 그러나 채 한 짝도 꿰신지 못했는데 득달처럼 군졸이 달려왔다.

"어딜 가는가. 자넬 밖으로 내보내지 말라는 엄명이 있었네."

그가 몸으로 장승업을 막아 세웠다.

"허허, 죄인이 따로 없구먼."

"필요한 게 있으면 말하게. 자네를 내보냈다가는 우리만 혼나네."

승업을 지키는 군졸은 완강했다. 키가 작고 체구가 왜소한 군졸은 그의 등을 떠밀어 방 안으로 들여보냈다.

결국 승업은 갇힌 신세가 되었다. 술도 마음대로 마시지 못하고 밖에도 마음대로 나다니지 못하게 된 승업은 금방이라도 병이 날 것만 같았다. 그리라는 병풍은커녕 풀 한 포기 그릴 수 없었다.

궁궐의 바람은 저잣거리의 바람과 냄새부터가 달랐다. 사람들의 시큼한 체취와 생활의 향기가 묻어 있는 달큼한 바람 냄새와는 달랐다.

궁궐 안의 바람은 어딘지 고약스럽고 숨 막히는 비밀의 기운들이 묻어 났다. 아마도 겹겹이 둘러쳐진 높은 담장 때문일 것이다. 게다가 하늘 빛도 달랐다. 저잣거리의 하늘은 내내 맑았다가도 별안간 날벼락이 치 거나 광풍이 불고, 컴컴하게 먹장구름이 끼어 있다가도 언제 그랬냐 싶게 금방 환하게 개기도 했지만 궁 안의 하늘은 왠지 죽어 있는 것만 같았다. 궁 안을 오가는 사람들 역시 다들 무언가에 단단히 화가 난 사 람처럼 굳어 있었고, 함부로 눈길을 주지도 않았으며, 몸놀림이 조심 스러웠다.

승업은 목이 탔다. 감질나게 찔끔찔금 가져다 주는 술로는 도통 신 운이 동하지 않았다. 하지만 승업을 감시하는 군졸은 절대 일정량 이 상의 술은 주지 않았다. 가끔 도화원의 책임자가 들러 장승업의 작업 을 확인했지만 종이 안에는 아무 것도 그려져 있지 않았다. 그때마다 도화원 책임자는 실망한 얼굴로 승업을 나무랐다.

"허허, 이 사람. 지금까지 뭐한겐가. 임금님께선 자네의 병풍을 기다 리고 또 기다리시는데, 왜 여태껏 손도 대지 않은 겐가?"

"고것이 내 마음대로 그리고 싶을 때 그려지는 것이라면 나도 좋겠 소. 어떻든 술만 넉넉히 주신다면 또 모르는 일이지요."

"더 이상은 줄 수 없네. 내가 그러라고 하는 것이 아니고 임금님께서 명하신 일이야. 그러니 낸들 하는 수 없어."

도화원 책임자는 마뜩찮은 표정으로 승업의 말을 잘랐다.

궁 안에 들어온 지 열흘째 되던 날, 장승업은 더 이상 참을 수 없었다. 이러다가 그림은커녕 자신마저 병이 날 것만 같았다. 장승업은 호기 있게 신발을 찾아 신었다. 이번에도 역시 장승업을 감시하던 군졸이 완강하게 그를 막아 섰다.

장승업은 큰 소리로 꾸짖었다.

"비키게."

"어디 가려구? 자네를 내보내지 말라는 엄명이 계셨네."

"허허, 이 사람 보게. 자네는 지금 임금님께 불경한 짓을 저지르고 있다는 걸 모르나?"

"잔말 말고 들어가 그리라는 그림이나 그리게."

군졸은 가슴으로 장승업을 밀쳤다.

"그림물감과 도구가 있어야 그리든 말든 할 게 아닌가?"

"저기 쌓여 있는 물건은 물감과 도구가 아니고 무엇인가?"

군졸은 한 구석에 쌓여 있는 종이와 물감을 턱짓으로 가리켰다.

"이 미련퉁이 같은 사람아, 종이면 다 종이인가? 나는 화선지가 아니면 안 써. 게다가 물감도 마땅찮고."

"핑계대지 말게. 누가 자네의 속셈을 모를 줄 아는가?"

"허허. 대역 죄인이로세. 감히 임금이 명하신 일을 하려는 사람한테 못하게 방해를 놓다니. 자네가 어떤 식으로 벌을 받고 싶은 겐가?"

승업의 일갈에 잠시 군졸의 표정이 움찔했다.

"그럼 기다리게. 내가 다녀올 테니까."

"자네 같은 그림에 문외한이 어떻게 종이를 알아 사 온단 말인가. 내게 맞는 종이를 골라올 테니, 비키게."

군졸은 몹시 당혹스러운 표정을 지었다. 밖으로는 한 발자국도 나가지 못하게 감시하라고 명을 받았지만 종이가 마땅치 않다는 데야 막을 도리가 없었다.

"정말이지? 정말 종이만 사 가지고 올 거지?"

"이 사람이, 속고만 살았나?"

재차 확인하던 군졸은 미심쩍은 표정으로 길을 터 주었다. 장승업은 암만해도 믿지 못하겠다는 얼굴로 자신을 바라보고 서 있는 군졸을 밀쳐내고 나서서는 뒤도 돌아보지 않고 줄행랑을 쳤다. 밖으로 나오니 살 것만 같았다. 그간에 꼭꼭 쌓여 있던 체증들이 풀리며 장승업은 신이 났다. 왜 그런 갑갑한 곳이 좋아 벼슬을 하려고 안달을 부리는지 사람들을 이해할 수 없었다. 이 저잣거리가 바로 구중궁궐보다 훨씬 살기 좋은 것을. 저잣거리를 활보하고 다니는 승업은 저절로 엉덩이춤이 추어졌다.

이 사실을 안 고종은 당장 장승업을 잡아들이라고 명했다. 그리고 감시를 더욱 철저히 해 다시는 도망가지 못하게 하고, 그림을 완성하도록 했다. 장승업이 갈 곳은 뻔했다. 주막 몇 곳만 돌면 그를 찾을 수 있을 것이었다. 사람들은 그 사실을 알았다. 과연 장승업은 사람들의 짐작대로 주막에서 곤드레만드레 취해 있었다.

"이 사람이 제정신이 아니구먼. 그래, 어떻게 임금님의 명을 거역한단 말인가? 자네 목숨이 대여섯 개라도 된단 말인가?"

"허허. 나도 그림을 그리고 싶네. 헌데 안 되는 걸 어떻게 하겠나?"

거나하게 마신 술 때문인지 승업은 궁에 있을때보다 생기가 돌아 보였다.

"어여 가세. 자네를 잡아 오라는 명이 있었네."

"허허, 그것 참!"

승업은 마지못해 그들을 따라 나섰다. 그러면서 마시다 만 술이 아쉬운지 쩝쩝, 입맛을 다셨다.

궁 안으로 잡혀 들어온 승업은 예전보다 더 엄중한 감시를 받았다. 그러나 승업은 이번에도 역시 그림을 그릴 생각보다는 빠져나갈 궁리만 했다. 궁 안의 모든 것들은 승업에게 있어서는 죽어 있는 것처럼 보였다. 생기도 없고, 활력도 없고, 흥도 없으며, 그저 답답하기만 할 뿐이었다. 가끔 도화원의 책임자가 들러 장승업이 그리다 팽개쳐 놓은 그림들을 확인하고 도망갈 생각 따위는 하지 말라며 으름장을 놓았지만 그럴수록 장승업은 더욱더 도망가고 싶었다.

지난번 둘러댔던 핑계는 더 이상 통하지 않을 것이었다. 승업이 이 구중궁궐을 빠져나가려면 그들을 믿게 하는 것이 우선이었다. 승업은 왕이 명령한 그림을 그리는 척 하면서 빠져나갈 기회만 엿보았다. 마지못해 그 사이에 임금의 장수를 기원하는 그림을 그리기도 했고, 때로는 궁중에서 필요한 그림을 그려 바치기도 했다. 그 안에는 외교 목적으로 사용되는 그림도 들어 있었다. 하지만 장승업에게 주어진 가장 커다란 임무는 왕실에서 사용할 병풍 수십 척을 그리는 일이었다. 병풍 수십 척은 신운이 동하기만 하면 그리 어려운 일은 아니었지만 술을 마음대로 마시지 못하는 형편인지라 손도 대지 못했다.

승업은 날이 갈수록 궁궐 생활을 견딜 수가 없었다. 정갈한 궁궐 음식보다는 저잣거리의 거친 음식이 생각났고, 혼자 따라 마시는 술보다는 여자가 따라 주는 술을 마시고 싶었으며, 또 얼근히 취해서는 여자와 한가하게 노닥거리고 싶었다.

그러던 어느 날 장승업은 자신의 의관을 벗어 두고, 대신 자신을 감시하던 군졸이 벗어 둔 의복을 훔쳐 입고 달아났다.

두 번째였다. 그러나 이번에도 그는 쉽게 잡혀 들어왔다. 그러기를 세 번, 마침내 화가 난 고종은 포도청에 명하여 장승업을 잡아다 가두라고 명했다. 왕의 명령을 거부하는 사람은 목숨을 부지하기 어려운 시대에 승업은 감히 세 번씩이나 왕의 명령에 불복종해 도망쳤으므로 큰 벌을 받는 것은 불을 보듯 뻔한 일이었다. 게다가 일개 그림을 그리는 화원 주제에 지존인 왕의 명령을 무시했으니 나라의 위계질서와 왕의 체면을 세우기 위해서도 절대 용서할 수 없는 일이었다.

장승업은 결국 옥에 갇히는 신세가 되었다. 임금님이 원하는 그림을 그리는 일쯤이야 장승업에게는 쉬운 일일 거라고 사람들은 생각했지만 그 일은 결코 쉬운 일이 아니었다. 일찌감치 부모를 여의고 구름처럼 떠돌며 살아왔던 승업에게 궁궐의 담장과 의복과 관례는 그를 옥죄고 구속할 뿐이었다. 그 때문에 더더욱 그림에 신명도 붙지 않았고, 신운도 따르지 않았다.

하루는 옥에 갇힌 장승업이 하도 딱해 충정공 민영환이 고종에게 고변을 드렸다.

"신이 장승업을 잘 아는데 부디 노여움을 거두시어, 그를 저의 집에 가두어 두고 그림을 끝내도록 분부해 주시기를 간청하나이다."

민영환은 일본이 강제로 맺은 을사조약 후에 분함을 이기지 못한 채 유서를 남기고 자결한 관리였다. 당시 내무 대신이었던 그는 옷소매에 2천만 동포에게 보내는 유서와 미국, 영국, 프랑스, 중국, 독일 등의 공사에게 보내는 유서가 들어 있었다. '대저 살기를 바라는 자는 반드시 죽고, 죽기를 기약하는 자는 살 수 있는 법' 이라는 유명한 말을 유서에 남긴 사람이었다. 놀라운 일은 충정공 민영환이 자결한 후, 피묻은 옷을 지하실에 간직하고 그 방을 봉했는데, 그가 순국한 지 8개월이 지난 이듬해 봄 그 자리에서 청죽(竹)이 솟아올랐다고 한다. 게다가 솟아오른 대나무에 달려있던 45개의 잎사귀는 순국할 때의 그의 나이와 같은 숫자여서 더욱 신기하게 여겨졌다. 사람들은 이것을 그의 충절이 담긴 혈죽(血竹)이라 불렀다.

고종은 민영환의 간청에 마음은 불편했지만 마지못해 허락을 했다. 천재인 그를 벌하기보다는 그림을 그리게 하는 일이 더 나은 일일 듯싶어서였다.

민영환은 장승업을 자신의 집으로 불러들여 별당에 머물게 하고 그곳에서 그림을 그리도록 하였다. 민영환은 장승업이 궁궐에서처럼 달아나지 못하도록 갓과 옷을 모두 숨겨 버렸다. 그리고는 그가 좋아하는 술과 안주가 떨어지지 않도록 하인들에게 당부했다. 하지만 그가 너무 많이 마시지 않도록 주의를 주었다.

장승업은 그야말로 숨통이 트이는 기분이었다. 궁궐을 벗어난 것만으로도 살 것 같은데 게다가 술과 안주와 시중드는 여자까지 있으니 더없이 신이 났다.

"자네는 참 이상한 사람이야. 남들은 벼슬을 얻지 못해 안달을 하는데 왜 자네는 주는 자리도 박차고 나오나?"

충정공 민영환이 승업이 있는 별당을 찾아 그의 잔에 술을 가득 따라주며 부드럽게 말했다.

"사람들이 그러니까 나도 꼭 그러라는 법은 없지 않습니까? 그들은 그들이고 나는 나예요."

"안견 선생이나 단원 선생은 왕으로부터 총애를 받으면서 벼슬을 제수 받았어. 그들에게 왕의 전폭적인 지원이 없었다면 어땠을까? 어쨌든 나라의 지원 아래 아무 걱정 없이 그림을 그리면 자네도 좋고 나라도 좋지 않은가? 이 사람아, 꼭 그렇게까지 할 필요가 있나?"

"내가 그러고 싶어 그런 것은 아니요."

승업은 제 앞에 놓인 잔을 들어 한 입에 털어 넣고는 대답했다.

"암튼 이번에는 그냥 넘어갔지만 다음번에 또 그러면 그때는 나도 장담할 수 없네. 더욱이 지난 번 흥선대원군의 일로 임금님의 심기가 이만저만 불편한 것이 아닌데 자네까지 이러면 되겠나?"

충정공이 말한 지난 일이란 고종의 부친인 대원군이 주동이 된, 왕을 바꾸자는 모의를 두고 하는 말이었다.

모의의 전모는 이랬다. 선왕인 철종이 후사를 잇지 못한 채 재위 14년 만에 세상을 뜨자 그동안 정권을 잡고 온갖 세도를 부리던 외척 안동 김씨는 몰락하고 말았다. 하지만 안동 김씨 대신 익종 비인 조 대비가 이하응과 결탁해 그의 둘째 아들인 명복을 양자로 삼아 익종의 뒤를 잇게 했다. 그가 바로 고종이었다. 조대비는 당시 열두 살이던 고종을 대신해 수렴청정을 하게 되었다. 그리고 바로 이하응을 흥선대원군으로 봉하고 섭정의 대권을 그에게 위임시켰다. 이로써 흥선대원군은 10년 동안 권력을 쥐고 자신의 구상대로 정사를 운영하게 되었다. 그러다 명성왕후의 도움을 받아 고종이 친정을 시작하자 흥선대원군의 불만은 컸다. 게다가 기다렸다는 듯 정권은 민비의 친족들이 장악하게 되었다. 민씨 정권들에 불만을 품은 흥선대원군은 고종을 폐위하고 자신의 서장자인 이재선을 국왕으로 옹립하려다 사전에 발각돼 30여 명이 목숨을 잃은 사건이었다.

　고종은 안팎으로 왕권에 대한 심각한 도전을 받고 있었다. 때문에 왕명을 거역하는 자는 본보기로 삼기 위해서라도 일벌백계가 필요한 상황이었다. 그럼에도 불구하고 승업을 풀어 준 일은 크나큰 성은이 아닐 수 없었다. 그만큼 고종은 장승업의 재능과 그림을 높이 사고 있었던 것이다.

　"안 되는 것을 나도 어찌할 수가 없지 않습니까?"

　장승업은 시무룩하게 대답했다.

　"내 자네를 모르는 바도 아니고, 또 예술가는 당연히 그러해야 한다고 이해하지만 도가 지나치다고 생각해 보지는 않았는가. 그래도 이 나라의 왕인데 명령을 거역하다니. 암튼 임금께서 자네의 재주를 귀히 여기지 않았다면 자네는 이미 죽은 사람이었을 걸세. 허니 지금부터라도 딴 마음 먹지 말고 열심히 그림이나 그리게. 더욱이 왕께서 그토록 자네의 병풍을 갖고 싶어 하시지 않은가. 저잣거리의 여자들에게도 그려 주는 그림을 왜 임금께는 못 그려 바치는 겐가."

　충정공의 말처럼 장승업은 평소 삼청(三靑: 푸른 빛을 내는 물감)과 석간주(石間朱: 산수화나 도자기의 안료로 쓰이는 빛이 붉은 흙), 도장 등을 허리춤에 차고 다니면서 흥이 나면 아무 데서나 쓱쓱 그림을 그리곤 했다. 심지어는 방바닥에 물감을 풀어 그림을 그리기도 했고, 너럭바위에서 그림을 그리기도 했다.

"그건 분명 소인의 잘못입지요. 하지만 그림이 누가 명령한다고 되는 것도 아니고 누가 그리지 말란다고 해서 그려지지 않는 것도 아니니 소인도 어떻게 해 볼 수가 없습죠."

장승업의 코는 이미 주독으로 발그레하게 물들어 있었고, 그의 코밑에 난 성근 수염은 우습기 짝이 없었다.

"어쨌든 더 이상 도망갈 생각일랑은 말고 그림이나 그리게. 내 아랫것들한테 일러두었으니 부족한 게 있으면 말하고."

이런 민영환의 배려에 장승업은 마음이 진정되는 듯 했다. 한 며칠 장승업은 민영환의 보살핌 속에서 그림을 그렸다. 그러나 이것도 잠시였다. 멀찌감치 떨어진 곳에서 끊임없이 자신을 감시하고 있는 하인을 보자 승업은 또다시 갑갑증이 일었다. 게다가 한곳에 오래 진득이 붙어 있지 못하는 바람기가 동한 것이다. 승업은 무엇보다 민영환이 내어 주는 기름지고 밍밍한 술보다는 저잣거리에 있는 주막집의 정이 넘치는 인심과 텁텁한 막걸리가 그리웠다.

어느 날 장승업은 민영환이 입궐하고 하인이 자리를 비운 틈을 타 다른 사람의 상복을 훔쳐 입고 온다간다 말도 없이 민영환의 집을 빠져나와 도망쳤다. 열흘 만의 일이었다. 민영환은 기가 막혔다. 민영환은 장안의 술집을 뒤져 술에 취해 있는 장승업을 다시 데려왔다. 그리고는 별당 문단속을 더욱 철저히 했다. 그러면 그럴수록 장승업은 더욱더 도망가고 싶었다.

결국 장승업은 사흘 만에 또다시 도망쳤다. 민영환은 이번에도 그를 찾아왔지만 결국 고종이 명한 병풍은 그리지 못했다. 하지만 고종은 그를 벌하지 않았다. 한 사람의 천재성을 아꼈기에 비록 명령을 거역했지만 그를 벌하지 않았던 것이다.

13. '서권기 문자향'이 없더라도

고종의 명을 거역하고 궁궐을 빠져 나왔지만 그렇다고 장승업이 나라에서 필요로 하는 그림마저 그리지 않은 것은 아니었다. 하루아침에 화원과 감찰이라는 감투를 쓴 승업은 규장각의 대령 화원이 되어 궁중에서 필요한 그림들을 그려 바쳤다. 대령 화원은 국가에서 필요할 때마다 불러다 그림을 그리게 하는 특별 화원 제도였다.

장승업과는 달리 다른 화원들은 궁중 화가가 되는 것이 꿈이었다. 궁중 화가는 아무나 되는 일이 아니었다. 그만큼 최고의 기량과 실력을 갖춘 사람만이 할 수 있었다. 또 말직이나마 벼슬을 얻을 수 있었-

고, 종이와 물감 같은 재료들도 큰 걱정 없이 확보할 수 있었기에 그림을 그리는 사람들이라면 누구나 궁중 화가가 되는 게 목표였다. 당시의 화원들은 별로 대접을 받지 못하는 신분이었기에 더더욱 궁중 화가가 되고 싶어 했다.

궁중 화가가 되는 길은 두 가지 길이 있었다. 부친이나 조부가 선대의 궁중 화가였다면 그 자손은 자연스럽게 그 길을 이어받았고, 그렇지 않다면 일정한 절차에 의한 시험을 통과해야만 했다. 그러나 시험을 통과하기란 어려웠다.

화원 시험 과목은 대나무와 산수, 인물과 영모, 화초 네 과목 가운데 두 가지를 선택해 시험을 봐야 했다. 일찌감치 궁중 화원에 뜻을 둔 사람들은 시험에 대비해 지금의 수험생들처럼 그림 연습을 하곤 했다. 그러나 기초 수련을 거쳐 화원이 되는 시기는 대개 십대 후반을 전후한 시기로, 아무리 늦어도 스무 살 이전에는 도화서에 입문하여 필력과 묘사력을 연마했다.

궁중 화가가 되면 벼슬을 얻게 되는 기쁨은 물론이고, 임금님의 얼굴을 그리는 어진 모사라는 중요한 일에서부터 각종 지도나 형세도, 궁궐도와 관아도, 일월오봉병과 모란도병, 십장생도병과 영모도병 같은 궁궐 내부를 장식하는 각종 병풍을 그리거나, 가리개와 교화를 목적으로 한 감계도, 고사도와 각종 궁중 행사를 기록한 의궤(儀軌), 오륜행실도 같은 도서의 삽화 등을 그렸다. 또 부귀다복을 기원하는 세화 같은 길상도를 그리는 것은 물론이고, 분원에 파견되어 도자기에 문양을 넣기도 했다. 그 밖에도 왕에게 올릴 보고서나 문서에 도식을 그리는 간단한 일에 이르기까지 다양한 종류의 일을 하였다. 또 카메라가 없던 시절이라 중국에 파견되는 연행사나 일본에 가는 통신사 사절단을 따라가 이들의 활동 내용을 소상하게 그려 오기도 했다.

이들 도화원 화원으로는 영·정조 시대의 김홍도가 단연 으뜸이었다. 뿐만 아니라 조선 전기 〈몽유도원도〉로 유명한 안견 역시 정사품 호군이라는 벼슬까지 지냈고, 후기로 오면서 왕의 총애를 받는 화원이 늘어나면서 김순종이라는 화원은 정이품, 백은배라는 화원은 종일품의 품계에까지 올랐다. 이들은 서로 집안끼리 혼인을 맺음으로써 자신들의 세력을 넓히고 지위를 공고히 다져, 다른 이들은 특별한 경우가 아니면 궁중 화가가 될 수 없었다.

그러나 장승업은 예외였다. 마음만 먹으면 부귀와 영화를 누렸을 터인데도 장승업은 벼슬에 마음이 없었다. 때문에 조선을 대표하는 3대 화가 가운데 가장 자유로운 이가 장승업이었다. 고종은 비록 자신의 명령을 저버렸지만 장승업에게 감찰이라는 벼슬을 주면서 궁궐에 필요한 그림들을 그리게 했다.

장승업의 대표적 왕실용 작품으로는 〈춘남극노인도〉와 〈추남극노인도〉 두 폭으로 이루어진 왕실용 세화였다. 장승업은 이 신선도에 '임금님의 명령을 받들어 신 장승업이 그려 올립니다.' 라고 써 넣었다. 수염을 길게 늘어뜨리고 옷 주름이 과장된 도포가 발목까지 내려오는 옷을 입은 노인이 들어 있는 〈춘남극노인도〉에는 한 동자가 노인에게 천도 복숭아를 바치고 있고, 〈추남극노인도〉에는 인간의 수명을 기록해 놓은 두루마리를 한 노인이 들여다보고 있다. 남극성이란 인간의 수명을 관장한다고 알려진 별로, 사람이 이 별을 보면 수명이 길어진다 하여 수성이라는 이름이 붙기도 했다. 헌데 이 그림 한쪽에는 '남극성이 보이면 임금님께서 오래 사시고 천하가 잘 다스려진다.'라는 글귀가 쓰여 있었다. 이를테면 이 그림은 왕의 장수를 기원하는 세화였다.

승업은 궁궐 생활을 싫어하고 권력을 이용해 강압적으로 그림을 그리게 할 때는 목숨을 내놓을 각오로 붓을 들지 않고 버텼지만 마음이 내킬 때는 또 고분고분 그림을 그리기도 했다. 사람들은 이런 장승업의 강직함과 자유분방함을 좋아했다. 출신이 미천하고 제대로 배우지 못했지만 그림을 사랑하고, 자신의 그림에 대한 자부심과, 또 그림에 대한 그의 순진한 열정은 그 누구도 함부로 폄훼할 수 없었던 것이다.

그 무렵 장승업은 흥선대원군 이하응과 민영익, 오세창, 오경연 같은 내로라하는 인사들의 후원을 받으면서 이들의 집을 수시로 드나들었다. 장승업이 마흔세 살 되던 해였다. 그 가운데 오경연과의 만남은 장승업의 예술 세계에 커다란 영향을 끼쳤다. 오경연 역시 서화를 좋아해 중국 그림을 많이 소장하고 있었다. 이응헌, 변원규와 마찬가지로 중인 출신 역관으로서 수많은 서화를 소장한 애장가로 잘 알려진 오경석의 아우이기도 했다. 게다가 오경연은 정치가와 서화가로 유명했다.

어느 날 장승업은 오경연의 집에 독특한 그림이 있다는 소식을 듣고 확인하기 위해 그의 집으로 갔다. 마침 그곳에는 위창 오세창도 와 있었다.

"아이고, 이 사람 어서 오게나."

오경연은 반갑게 오원을 맞았다.

"좋은 그림을 숨겨 놓고 혼자만 감상하신다는 소문이 장안에 파다하던데 사실입니까?"

"허허, 어디서 그런 고약한 소리를 들었나?"

"그럼 어찌 이놈이 아직 한번도 그 그림을 보지 못했습니까?"

"내 숨기려고 한 게 아닐세. 오히려 자네가 바쁘지 않았나?"

"그럼 오늘 소인에게 보여 주실 수 있습니까?"

"그렇다마다. 어쩌면 자네가 꼭 보아야 할 그림인지도 모르지."

"그렇다면 저야 황공할 따름입죠."

오경연은 사람 좋은 웃음을 지어 보이더니 조심스럽게 화첩을 꺼내 승업 앞으로 내밀었다. 바로 중국 청나라 사람인 조지겸이 그린 기명절지도(器皿折枝圖)였다. 도자기나 청동기 같은 그릇에 화훼 절지(花卉折枝)를 곁들인 그림이었다. 간결하면서도 어딘지 기개와 절도가 있어 보이는 그림 앞에서 장승업은 잠시 말을 잊었다. 이제까지 자신이 그리던 그림과는 사뭇 달랐다. 자신의 그림에는 바람 소리, 천둥소리, 시냇물 흐르는 소리, 매화 향기, 그리고 금방이라도 날아오를 듯 숨을 고르고 있는 매의 용맹스러움이 들어 있었지만 조지겸이 그린 그림에는 단아하면서도 어딘지 조용하고, 또 한가로운 풍류가 들어 있었다. 방금 한 선비가 앉아 있다 잠시 자리를 비운 듯 선비의 체취도 느낄 수 있었다. 정중동(靜中動). 정지해 있되, 그 안에 움직임이 느껴졌다.

조선에 그런 그림이 없었던 것은 아니었다. 이미 앞서 단원 김홍도가 〈포의풍류도(布衣風流圖)〉에서 이 같은 기법을 선보이기도 했고, 송석 이형록의 작품으로 책장에 책이 가지런히 꽂혀 있는 모양을 정물화처럼 그려 놓은 〈책가도(冊架圖)〉라는 민화에서 비슷한 형태를 찾아 볼 수 있었다. 김홍도의 〈포의풍류도〉에는 비파를 타는 선비 옆에 그릇이나 책, 화훼 절지 같은 기명들이 함께 배열이 돼 있었다. 그러므로 전혀 새로운 그림이라고는 할 수 없었다. 하지만 〈포의풍류도〉나 〈책가도〉와는 다른, 차분하고도 단아한 정서가 승업을 사로잡았다.

장승업의 눈길이 오랫동안 머물고 있음을 본 오경연이 말을 붙였다.

"허허, 조지겸의 그림이 천재 화가 오원의 마음을 흔드는 모양이구려."

그랬다. 그 그림은 장승업에게 신선한 자극을 주었다.

"왜? 천하의 오원도 다른 사람 그림에 매료될 때가 있는가?"

오경연이 말을 건넸지만 장승업은 아무 말도 하지 않았다.

"바로 이 그림이 영남학파의 대표적인 화가로 꼽히는 조지겸의 그림일세. 새로운 화풍이라고는 하지만 그래도 이 그림이 낯설지 않을 게야. 바로 우리 주변에서 많이 보아온 장면이 아니던가? 불교에서는 부처님에게 꽃을 바치는 꽃 공양도 있고, 궁중 행사 때도 꽃을 꽂아 장식하지 않던가? 그러니 화훼 절지의 그림은 세화나 민화처럼 우리에게 익숙한 풍경인 게야. 게다가 복을 가져다준다는 길상적 물건에다 꽃까지 배치함으로써 고아함까지 살려주고 있으니 어찌 좋지 않겠는가? 오원이 반할 만하지. 그러고 보니 오원의 화훼 절지는 어떤 모습을 하고 있을지 궁금해지는구먼."

오경연은 입가에 미소를 띠며 승업을 바라보았다.

오경연의 말처럼 잉어는 부귀를, 거북과 사슴과 학은 장수를, 모란은 부귀와 공명을, 꽃과 잎이 함께 피는 연화(漣花)는 자손의 번성을 바라는 상징으로써 이들은 모두 복을 가져다준다는 길상적 물건들이었다. 사람들은 이 물건들을 가까이 둠으로써 복을 기원했다.

장승업은 볼수록 간결한 그 그림이 좋았다. 보고자 하는 것들만 보여주는 그림. 자질구레함은 생략된 채 꼭 그리고 싶은 것들만 적절한 구도로 그린 그림은 그리는 이의 기품은 물론 주제가 더욱 분명하게 드러나 있는 것만 같았다. 이제까지 자신이 너무 낭비한 것은 아닐까. 장승업은 한동안 그 그림 앞에서 떠날 줄을 몰랐다.

"이 사람아, 뭘 망설이나. 자네 얼굴이 잔뜩 흥분돼 있는데. 그려 보게나."

오경연은 붓과 종이를 가져오도록 시켰다. 장승업은 웃옷을 벗어 던지고는 즉석에서 그림을 그려 보였다. 꽃과 그릇이 있는 그림이었다. 장승업의 기명절지 그림이 막 시작되는 순간이었다.

"허허, 역시 오원이구려. 과연 못 그리는 것이 없구려."

곁에서 지켜보던 오세창은 감탄을 금치 못했다.

"운필은 바람같이 빠르고, 채색이 은근하며 묵색이 빛나니, 거 참, 화면에 신운이 떠올랐네그려."

장승업은 자신이 그린 그림을 이리저리 훑어보았다. 처음이었지만 처음 같지 않은 것이 승업도 마음에 들었다.

"오히려 오원의 그림이 조지겸의 그림보다 더 나은 듯싶은데, 자네는 안 그런가?"

오세창의 칭찬은 그치지 않았다.

"숙부님께서도 그리 보셨습니까? 저도 그렇다고 생각했는데."

오경연이 옆에서 거들었다.

승업은 그 뒤로 기명절지를 즐겨 그렸다. 조선 시대 후기에 많이 등장한 책가도나 민화의 전통에 중국 양주팔괴의 그림과 해상파, 영남학파의 절지화를 참조하여 장승업 자신만의 독특한 기명절지를 만들어

나갔다. 두드러지지 않는 담담한 채색에 자유로운 구도는 즉흥적으로 보이면서도 생동감 넘치는 필력으로 인해 사물이 살아 있는 것처럼 보였다. 게다가 승업은 그리려는 대상을 있는 그대로 그리지 않고 다소 형태를 왜곡하기도 하고, 또 시점을 자유롭게 이동시키면서 사물을 재해석해 나갔다. 때문에 그의 기명절지도는 금세 유명해졌다.

사람들은 장승업의 기명절지도를 원했다. 당시는 금석학이나 골동품을 감상하는 취미가 유행하였던 터라 장승업의 기명절지도 역시 그 취미와 맞물려 사람들로부터 큰 사랑을 받았다.

하지만 일각에서는 장승업이 제대로 글을 배우지 못했다는 이유로 그의 그림을 무시하려는 경향이 있었다. 장승업은 이에 굴하지 않았을 뿐만 아니라 그들 앞에서 기도 죽지 않았다. 비록 글을 제대로 배우지 못해 자신의 그림에 제를 쓰지 못했지만 그림은 그림일 뿐이었다. 그림 위에 문자로 설명하는 것은 자신이 원하는 바가 아니었다. 그렇다고 다른 사람이 자신의 그림 위에 제를 쓰는 것까지 막지는 않았다. 때문에 장승업의 그림에는 유난히 다른 사람의 제가 많이 들어 있다.

하루는 승업의 장난기가 발동하였다. 종이에 은은한 채색을 곁들인 기명절지도를 그리다가 그는 문득 기발한 생각을 떠올렸다. 서권기 문자향 운운하며 자신의 얕은 학문을 비웃던 사람들을 놀려 주고 싶었다. 그는 거꾸로 그린 벼루를 가운데 그려 넣고 청동 그릇을 위에 배치한 뒤 밑에 수선화와 난초를 그려 넣었다. 은근히 서권기 문자향 운운하는 사람들에게 벼루를 뒤집어 놓음으로써 그들의 편협한 생각을 조롱하는 것이다. 잘못 그린 그림이 아니라 의도된 그림이었다.

보는 것만으로도 승업은 재미있었다. 김용진이라는 사람은 이 거꾸로 그려진 벼루가 있는 기명절지도에 다음과 같은 제를 써넣었다. '오원의 필체는 매우 높고 뛰어나 사람들이 우러르지 않을 수 없다. 그러나 그 신운과 아치는 배워서 얻을 수 있는 것이 아니다.'

장승업은 가끔 그런 식으로 자신의 그림 속에 그런 식의 장난기를 보였다. 가령 비스듬히 바라다 보이는 항아리의 주둥이를 동그랗게 그리지 않고 세모로 그린다거나 게의 집게발을 더 그려 넣기도 했다.

말년에 장승업은 위창 오세창에게 〈어해절지(漁蟹折枝: 마디를 가진 물고기와 게)〉라는 그림을 그려 주었다. 헌데 그림 속 게의 집게발은 두 개가 아니라 세 개였다. 이를 본 위창이 고개를 갸우뚱거리며 물었다.

"이 사람아, 왜 게의 집게발이 두 개가 아니고 세 개인가?"

"다른 게 좀 있어야지. 같으면 볼 재미가 없지 않습니까?"

장승업은 어린아이처럼 씩 웃으며 대답하고는 위창이 따라준 술을 달게 마셨다.

"다른 사람이 보면 자네가 게의 발을 잘못 그린 줄 알 게야."

"그러라지요. 그게 뭐 대수랍니까?"

"여하튼 자네의 장난기는 아무도 못 말릴 걸세."

"세상 사는 재미가 뭐 있나요? 그림도 재미로 그리고, 감상도 재미로 하면 되는 것을. 그러니 그림이 재미있으면 더 좋지 않나요?"

그 순간 승업의 눈빛이 서늘하게 빛났다. 그 말 속에는 뼈가 들어 있었다. 서권기 문자향이 느껴지지 않는다며 사람들이 자신의 그림을 무시하고 깎아 내리는 데에 대한 은근한 반항이 깔려 있었던 것이다. 장승업은 만 권의 책을 읽어야 그림에 향이 난다는 그들의 태도와 생각에 짐짓 시비를 걸고 싶었던 것이다. 그 기형의 게에 문자 향이 나지 않는 자신의 그림을 은근히 비유하고 있었고, 또 그림에 지나치게 문자 향을 기대하는 그들의 생각을 그 기형의 게에 비유하고 있는지도 몰랐다. 그만큼 승업은 자신의 그림에 자부심을 지니고 있었다.

그 같은 장승업의 장난기를 두고 어떤 이는 곤혹스러워 했고, 또 어떤 이는 호탕하게 웃어넘겼다. 사람들에게 있어서 승업의 장난은 천재 화가의 예사롭지 않은 치기로 비쳤다.

장승업의 기명절지화 가운데 가장 유명한 것은 그가 사십 대 중반에 그린 〈백물도권(百物圖券)〉이라는 작품이었다. 백 가지 물건이 그려졌다는 뜻의 이 〈백물도권〉은 2미터가 넘는 긴 비단 폭에 청동기, 주전자, 화분 같은 그릇류와 식물류와 어패류 등 갖가지 물건들이 조화롭게 배치되어 있다.

14. 그의 제자들

사람들은 글을 제대로 깨우치지 못한 장승업을 두고 애써 낮추어 생각했지만 승업은 그들이 생각하는 만큼, 되는 대로 그림을 그리지 않았다. 그는 분명한 자신만의 화론과 철학이 있었다. 그림은 장승업에게 있어 하나의 세계였고, 우주였다. 때문에 권력과 재물에 굴하지 않고 꿋꿋이 자신만의 예술 세계와 자존심을 지켰던 것이다. 얄팍하게 재능 하나만 믿고 부와 권력을 쫓아 달려갔더라면 분명 지금의 장승업은 없었을 것이다. 그는 비록 많은 공부는 하지 못했어도 총기만큼은 매우 뛰어나서 한번 보거나 들으면 절대 잊어버리는 일이 없었다. 게

다가 한번 보았던 그림들을 몇 년이 지난 후에도 정확하게 그려내 사람들로부터 감탄을 자아내게 만들었다. 뿐만 아니라 장승업은 이때껏 자신이 한번도 보지 못했던 사물을 설명만 듣고 그림을 그렸는데, 거의 실물에 가깝게 그려 사람들 사이에 화제가 된 적도 있었다.

어느 날, 동농 김가진의 부탁을 받고 열 폭짜리 병풍을 그리던 장승업은 불현듯 원숭이를 그려보고 싶었다. 한번도 실물을 보지 못했지만 사람들이 말하는 대로만 그린다면 안될 게 없었다. 당시 원숭이는 나라 안에서 볼 수 없는 이국적인 동물이었다. 사람과 비슷하고, 꾀가 많으며, 자유자재로 나무를 타는 원숭이에게 장승업은 마음이 끌렸다. 특히 원숭이가 사람을 닮았다는 점이 더 끌렸다.

승업은 그림으로나마 사람들에게 원숭이를 보여 주고 싶었다. 그는 꽃과 동물이 화제인 열 폭짜리 병풍에 원숭이를 그려 넣었다. 복숭아를 안은 원숭이 한 마리가 복숭아를 뺏으러 오는 다른 원숭이를 피해 나뭇가지 끝으로 도망가는 모습이 재미있는 그림이었다. 삼각형의 얼굴에 팔다리가 길쭉한 두 마리의 원숭이는 마치 보고 그린 듯 실제와 똑같았다. 사람들에게 그 원숭이는 금방 유명해졌다. 원숭이란 동물이 어떻게 생겼는지 보고 싶기도 했지만 실물 한번 보지 않고 그렸다는 장승업의 그림이 더 궁금해서였다. 때문에 김가진의 사랑방은 한동안 사람들의 출입이 끊이질 않았다.

"그나저나 이 사람, 또 낙관을 잃어버렸다지. 얼마 전에 내가 새로운 낙관을 만들어 주지 않았던가?"

어느 날, 위창 오세창이 자신의 집으로 찾아온 장승업을 보고 말했다.

"글쎄, 그게 발이 달렸나. 자꾸만 도망을 가 버리네요."

"이 사람아, 그러게 잘 좀 간수하지."

"어디 내가 잃어버리고 싶어서 그러나요."

장승업은 귀찮다는 표정으로 대답했다. 오세창의 말대로 승업은 낙관을 자주 잃어버렸다. 그의 말처럼 술 한 잔에 신운이 돌면 아무데나 설채(設彩: 먹으로 바탕을 그린 다음 색을 칠함)를 하고 그림을 그리는 통에 장승업은 야무지게 낙관을 챙기지 못했다. 어떨 때는 그림에 낙관을 찍은 뒤 아무렇게나 내팽개쳐 놓는 바람에 잃어버렸고, 또 어떨 때는 길을 가다가 언제 어디서 어떻게 잃어버린 지도 모르게 잃어버렸다. 때문에 아예 낙관을 찍지 못한 그림도 상당수 있었다.

"자네는 아는가? 낙관이 없는 자네의 그림 때문에 가짜 그림이 나도는 것을?"

"글쎄, 일전에 저도 보긴 보았지만 제법 흉내를 냈더구먼요. 그 실력이면 자신의 그림을 그려도 됐을 텐데 애써 내 작품을 모사하다니 정신이 없는 사람이지."

"그것은 자네가 너무 뛰어나서 그런 것 아닌가. 자네 그림을 닮고자 하는 게지."

"내 그림을 닮아 무얼 하겠다고."

승업은 아무렇지 않게 혼잣말로 대답했다.

"여기 새로운 낙관이네. 이번만은 제발 잃어버리지 말게나."

오세창은 승업에게 새롭게 만든 낙관을 내밀었다. 오세창은 장승업이 낙관을 잃어버릴 때마다 새롭게 만들어 주곤 했고, 때문에 장승업의 그림에 찍혀 있는 낙관은 그 모양새가 다양했다.

"항상 죄송하고 고맙구먼이라. 한데 낙관이 또 생겼으니 그만큼 내걱정거리도 늘어난 셈이네요. 잃어버렸을 때는 챙기지 않아도 되니까 편했는데……."

승업은 민망하고도 미안한 표정으로 오세창이 내놓은 낙관을 챙겼다. 낙관은 그 사람이 그렸다는 사실을 증명해 주는 도장과도 같은 물건이었다. 헌데 장승업은 낙관을 워낙 자주 잃어버렸기 때문에 사람들은 가짜 그림을 장승업의 그림이라 속이기도 했다.

그러는 사이 장승업에게도 제자가 생겼다. 심전 안중식과 소림 조석진이라는 사람이었는데, 장승업 자신이 먼저 제자를 두려 했던 게 아니라 그들이 먼저 굳이 장승업을 스승으로 모시길 희망해 어쩔 수 없이 받아들인 제자들이었다.

당시 안중식과 조석진은 조선 말기를 대표하는 화가로도 유명했다. 특히 조석진과 안중식은 1881년에 신식 무기의 제조법과 조련법을 배우기 위해 중국으로 떠났던 영선사 일행의 제도사로 톈진으로 건너가

1년 동안 견문을 넓히고 돌아오기도 했다. 소림 조석진은 장승업과 마찬가지로 일찌감치 부모를 여읜 인물이었다. 하지만 장승업과는 달리 당시 도화서 화원으로 산수화와 어해화를 잘 그렸던 할아버지 정규 밑에서 학문과 그림을 배우며 성장했던 세습 화원이었다.

이들은 장승업을 깍듯이 스승으로 모시며 그에게서 많은 것들을 배웠다. 하지만 이들은 장승업의 자유분방하고 빠른 붓놀림은 배우지 못했다. 오히려 장승업의 빠른 붓놀림을 모방한 이들의 화법은 후세에 좋지 않은 영향을 미쳤다는 평을 얻었다. 장승업 스스로도 귀신이 자신의 손을 빌어 그림을 그린다고 할 정도로 빠른 붓놀림과 거침없는 필법은 장승업만이 할 수 있었던 화법이었던 것이다.

15. 외로운 천재

장승업은 어느 날 문득 인생이 허망하게 느껴졌다. 젊었을 때에 보다 더 좋은 그림을 그리겠다고 마음 아파하며 몸부림을 쳤던 일이나, 어디 한곳 매인 데 없이 이집저집을 떠돌던 나날들도 허망했다. 물론 사람들에게 극진한 대접을 받고, 지금껏 자신이 원하는 그림을 그리고 살아온데다, 그림에 대한 찬사 또한 서운하지 않게 받아왔지만, 가슴 한구석에 고이는 쓸쓸함은 어떻게 해 볼 수 없었다.

한곳에 붙박여 살며 자식을 낳고, 그 자식이 커 가는 것을 지켜보면서 늙어 가는 것이 평범한 사람들의 삶인데, 왜 자신은 그런 삶을 살지 못했을까하는 생각에 마음 한구석이 서늘해지기도 했다.

한편으로 장승업은 늦게 얻은 부인에게 미안한 마음도 들었다. 그 여자는 무책임한 남편 때문에 속이 까맣게 타 버렸을 것이다. 비록 하룻밤 인연이었지만 언제쯤이나 집 나간 남편이 돌아올까, 기약 없는 날들을 기다리며 그렇게 늙어갔을 것이다. 장승업은 부인 생각을 하면 늘 마음이 아팠다. 그 여자에게서 자식을 얻고 시나브로 늙었다면 오늘 같은 이런 쓸쓸함은 들지 않았을까? 오로지 그림만 알고, 그림만을 위해서 살아온 자신의 인생에 후회는 없었지만 승업은 무언가 허전했다.

게다가 국내 정세는 날이 갈수록 나빠져만 가고 있었다. 갑신정변이 실패하면서 제자인 안중식은 일본으로 피신하기까지 했고, 천하의 흥선대원군도 권력에서 밀려나 애증의 세월을 보내고 있었다. 또 청이나 일본, 러시아, 미국 같은 주변 열강은 조선의 목을 갈수록 죄어왔고, 그 와중에 명성황후는 일본 낭인의 칼에 죽임을 당하기까지 했다. 어디 그뿐일까. 굶주림에 지친 백성들의 불만은 갈수록 커져만 가고 있었다. 장승업 자신은 그나마 그림을 그리면서 시름들을 잊을 수 있었지만 다른 백성들은 하루하루가 위태로웠고 나라의 운명도 예측할 수 없었다.

그 와중에도 사람들은 여전히 장승업에게 술을 대접하며 그림을 그려 주길 청했지만 무정물(無情物: 감각성이 없는 물건)이 아닌 바에야 승업은 주변의 일들에 무심할 수 없었다. 이 무렵 들어 장승업의 허전한 심정이 곧잘 그림으로 표현되었다.

"어째 자네의 그림이 쓸쓸하네."

어느 날, 술 한 잔에 문득 신운이 동함을 느껴 그림을 그리는 장승업을 변원규가 넌지시 건네다 보며 말했다. 그 말에 승업은 아무 말도 하지 않았다. 언제부턴가 승업은 꼭 해야 할 말이 아니면 하지 않았다. 말은 허망했다. 자신이 그린 그림 속에 더 많은 이야기가 들어 있었는데 굳이 해야 할 말이 없었다. 그들이 보지 못하면 그만인 것이다.

"자네의 내면 풍경인가?"

변원규는 조심스럽게 승업의 표정을 살폈다. 그림을 그릴 때면 발그레하게 드러나던 열정적인 흥분은 찾아볼 수 없고, 대신 승업의 표정이 차분하게 가라앉아 있었다. 그가 그린 그림에는 노인이 탄 나룻배 한 척이 마을 어귀 강기슭을 향해 노를 저어 오고 있었고, 동자인 듯한 사람이 반갑게 나와 맞이하고 있었다. 강기슭으로부터 이어지는 길 끝에는 노인의 집으로 보이는 작고 아담한 기와집이 대문을 활짝 열어젖혀 놓은 채 주인을 기다리고 있었다.

"〈귀거래도〉구먼."

변원규는 중얼거리며 고개를 끄덕였다. 굳이 장승업이 말을 하지 않더라도 변원규는 그의 그림이 담고 있는 이야기를 유추할 수 있었다.

장승업의 그림은 도연명이 읊은 〈귀거래사(歸去來辭)〉를 옮겨 놓은 것이었다. 중국 진나라 때의 시인 도연명은 지방의 현령으로 발령 받았지만 권력에 무상함을 느끼고 한곳에 얽매이기 싫어서 80여 일 만에 벼슬을 그만 두었다. 그리고 고향으로 돌아와서는 평생을 은거하며 시를 짓고 술을 마시면서 유유자적한 생활을 즐긴 인물로 유명했다. 세상사에 초탈한 도연명의 삶은 도인의 삶에 곧잘 비유되곤 했다.

문을 활짝 열고 옛 주인을 맞는 고향의 풍경에서 장승업은 알 수 없는 외롭고 쓸쓸함을 느꼈다. 자신을 반갑게 맞아 주는 사람이 있고, 또 돌아갈 곳이 있는 사람은 행복한 사람이었다. 그림 속, 배에 앉아 있는 도연명의 얼굴에는 평안함이 고여 있었고, 강물 역시 도연명의 표정을 닮아 고요히 흐르고 있었다. 세상사야 정신없이 돌아갈 테지만 고향으로 돌아오는 도연명은 마치 신선처럼 고요하고 조용하기만 했다. 이곳에서 여생을 자연과 벗하며 보내고 욕심 없이 지내노라면 세상의 부귀공명 따위는 하찮은 것에 지나지 않을 것이다. 아니, 그것은 거추장스럽고 손에 잡히지 않는 허상일 뿐이었다. 설령 세상 부귀공명을 다 가졌다 한들 그것조차도 허망한 일이었다. 그러므로 부러울 게 없었다.

고향이란 그런 것이었다. 품 안에 품는 것. 그곳에서는 열정이나 욕망은 쓸모없는 것이었다. 장승업도 그랬다. 자신도 도연명처럼 고향으로 돌아가고 싶었다. 하지만 일찌감치 부모를 잃고 여기저기를 떠돌며 나이를 먹다 보니 딱히 고향이라고 여길만한 데가 없었다. 전국의 길이 곧 고향이었고, 저를 받아 주고 거두어 준 사람들의 사랑방이 자신의 집이었다. 헌데 왜 이리 허전하기만 할까.

"오원, 자네도 이제 나이를 먹은 모양이네. 고향이 그리운 걸 보니 말일세."

장승업은 공연히 자신의 마음을 들킨 것 같아 쑥스럽기도 했고, 또 쓸쓸하기도 했다. 하지만 굳이 감출 일도 아닌 듯싶어 그림을 마저 완성했다.

"그래, 세상이 이렇게 어수선할 때는 그냥 은거하며 사는 일도 괜찮을 듯싶네. 풍전등화 같은 나라의 운명도 그렇고 그저 조용히 지내는 게 최상이지. 자네의 그림을 보니 나도 그런 생각이 드는구면."

장승업은 붓을 집어던지고 술을 벌컥벌컥 들이켰다.

그럴수록 기갈이 든 사람처럼 술과 여자를 찾았다. 여자는 승업에게 있어 곧 고향이자 어머니이고, 자신의 피난처였다. 술은 인생의 동무였다. 벌써 그의 눈은 주독으로 노랗게 변해 있었다.

16. 삶의 뒤안길에서

　사십대 후반으로 들어서면서 장승업은 많은 그림을 그렸다. 마치 자신의 내부에 남아있는 열정을 모두 토해내 듯 그렇게 작품들을 쏟아냈다. 게다가 이때 나온 작품들은 한결같이 완성도가 높은 그림들이었다. 장승업은 스러져 가는 나라의 운명 앞에서 어쩔 수 없이 겪게 되는 갈등과 고뇌를, 그림을 그리는 일로 잊고자 했는지도 모른다.

　그의 그림 가운데 가장 서정적인 그림으로 꼽히는 〈미산리계곡〉이나 현존하는 매화 그림 가운데서 최고로 평가받는 〈붉은 매화와 흰 매화 10폭 병풍〉, 〈오동나무를 닦고 있는 모습〉이라든지 〈채소와 물고기가 있는 10폭 병풍〉같은 그림들이 이때 탄생했다. 이 밖에도 〈명마를 기르는 행복〉, 〈대나무와 닭〉, 〈여덟 마리의 말〉, 〈수선화와 그릇〉, 〈쏘가리와 그릇〉, 〈거위의 모습을 보고 있는 왕희지〉, 〈괴석 위에 선 닭〉, 〈나뭇가지의 매〉, 〈괴석 위에 선 매〉, 〈백물도권〉같은 내로라하는 작품들도 이때 그려졌다.

　이 시기에 접어들면서 장승업의 휘날리는 듯한 붓놀림은 좀 더 차분히 가라앉았다. 이미 삶의 뒤안길로 접어든 장승업은 젊은 날의 열정과 치기와 호기를 안으로 다독이며 차분한 심정으로 사물들을 그림으로 형상화하는 경지에 이르러 있었던 것이다. 특히 장승업이 사군자만을 단독으로 그린 유일한 작품인 〈붉은 매화와 흰 매화 10폭 병풍〉은 그 누구의 매화 그림보다도 뛰어났다. 이전의 스승 혜산 유숙이 그린 매화나, 조희룡이 그린 매화 또한 당대의 걸작으로 통했지만 장승업이 그린 매화도 그에 뒤지지 않았다.

　매화는 혹독한 겨울을 이기고 처음 꽃을 피우는 세한삼우(歲寒三友: 동양화 주제의 한 가지. 추운 겨울철에도 잘 견디는 소나무, 대나무, 매화나무를 이르는 말)로 알려졌다. 추위를 뚫고 맨 먼저 꽃을 피우는 매화의 고아하고 굳은 절개와, 한겨울에도 푸름을 잃지 않는 소나무와 곧은 대나무는 만 권의 책을 읽은 사람만이 그 품격을 진정으로 표현해 낼 수 있다던 김정희의 말은 장승업의 매화 앞에서 그만 힘을 잃고 말았다. 힘차게 뻗어 있는 가지에 숱하게 달려 있는 꽃들은 금방이라도 꽃잎들이 난분분히 흩어져 날릴 것만 같았고, 수줍게 서로 얼굴을 맞대거나 포개고 있는 꽃잎은 어딘지 강인해 보이면서도 또 연약해 보였다. 장 승업이 가진 최고의 기량을 보여 주는 듯했다. 거침없는 필치에 묵의 농담만으로 구분한 두 그루의 매화가 서로 교차되는 그림은 보는 이들 로 하여금 절로 감탄사를 내뱉게 만들었다.

"마치 코끝에 향이 느껴지는 듯하구먼."

"스승인 혜산 선생의 매화는 단아한데 반해, 오원의 매화는 정말 질 감이 느껴지는 그림이야."

"혜산 선생의 매화에는 문기(文氣)가 느껴지지만 오원의 매화에는 그야말로 신기(神氣)가 느껴지지."

"문기와 신기 가운데 어느 것이 진정한 그림일까?"

장승업의 매화에서 눈을 떼지 못한 채 사람들은 저마다 한마디씩 했다.

"글쎄, 서권기 문자향이라고, 추사 김정희 선생은 매화가 지닌 상징 적인 의미를 중요시했지만 추사 선생의 제자인 조희룡에 와서는 매화 자체의 아름다움을 드러내는 형식으로 발전했지 않나. 어떤 것이 더 낫다고 말하기는 애매하지만 문기보다야 신기가 더 재능 면에서 더 우 세하다면, 오원의 매화가 더 낫지 않겠는가."

"그래도 매화는 그 상징적인 의미가 더 크지 않소. 그렇다면 문기가 느껴지는 혜산의 매화가 더 낫지 않겠소?"

이 말에 장승업은 버럭 소리를 질렀다.

"매화는 그냥 매화일 뿐이지, 매화에 문자 향은 무슨 문자 향!"

승업의 말에 다들 입을 다물었다. 어찌됐건 그들 눈에도 승업의 매화는 일품이었다.

장승업은 어느덧 조선 제일의 화가가 되어 있었다. 장승업은 일찍이 자신이 좋아했던 양주팔괴의 그림에다 자신만의 필법과 묵법을 덧대 독창적인 그림을 완성시켜 나갔고, 기명절지화에 있어서는 중국의 해상파와 영남파는 물론 조선의 세화나 길상화의 영향을 받았으되, 음영법과 즉흥적 필선의 아름다움을 가미해 독특한 회화 양식으로 완성해 나갔다. 또한 도연명이나 왕희지나 이태백이나 신선들이 자주 등장하는 인물화 역시 중국의 고사에서 많이 빌려 왔지만 중국의 그것을 답습하지 않고, 자신이 추구하는 이상적인 모습을 곁들여 완전한 인간상을 만들어 냈다. 장승업이 그린 인물들은 한결같이 신비로운 미소를 머금은 채 현실에 초탈한 모습을 보여 주고 있었다. 어쩌면 그 인물 속에 장승업 자신의 모습이 투영된 것인지도 모른다.

하지만 알 수 없었다. 그림을 그리면 그릴수록 장승업 자신의 내부는 텅 비어 가는 듯했다. 그것이 무엇인지 알 수 없었다. 그림을 한 점 그리고 나면 자신의 갈비뼈 하나가 비는 듯했고, 그림을 한 점 그리고 나면 자신의 등뼈 하나가 빠져나가는 듯했다.

"자네 아는가?"

하루는 장승업의 두 제자인 심전 안중식과 소림 조석진이 장승업의 집을 찾았다 돌아오던 길에 안중식이 조석진에게 물었다.

"무얼 말인가?"

"선생님이 예전 같지 않게 말수가 줄어들고 괴팍한 성미도 많이 잦아들었다는 사실을 말이야."

안중식의 말에 조석진은 잠시 무언가 골똘히 생각하더니 걱정스런 얼굴로 대답했다.

"그래, 자네 말이 맞네. 선생님이 분명 달라지셨어."

"무슨 일이 있으신 건 아닐까?"

"글쎄. 나이 때문은 아닌 듯하고."

"그림도 예전 같지 않게 차분해지지 않았던가."

"자네도 느꼈는가. 나도 그렇게 보았는데."

둘은 스승에 대한 걱정 때문인지 금세 낯빛이 어두워졌다.

"외로우신 게 아닐까? 요즘 들어 선생님이 관수동에 자주 가시질 않는가?"

관수동이라면 박성녀라는 장승업의 소실이 있는 곳이었다.

"세상이 갈수록 뒤숭숭해지고 있어서 그런 것이 아닐까? 일본의 횡포는 더욱 거세어만 가고, 나라의 운명은 한치 앞도 예견할 수 없으니 선생님인들 마음이 편하실 리가 있겠는가? 선생님이 어떤 분이신가?

일본인이 운영하는 상점에는 발걸음 한 번 하지 않으시는 분이 선생님 아니신가? 그 꼿꼿한 성품 때문에 더 힘이 들기도 할 게야."

"아니야. 선생님도 늙으신 게야."

"하긴 지천명도 넘기셨으니 청춘은 아니지."

"선생님의 매 그림도 언제부턴지 쌍이 아니라 한 마리씩만 그려져 있지 않던가?"

"그래."

조석진과 안중식은 스승의 변화가 못내 안타깝고 걱정스러웠다. 하지만 자신들이 어떻게 할 도리가 없었다. 인생이란 임의대로 되는 게 아니고 하늘의 이치이거늘. 그들은 그저 스승이 좀 더 많은 그림을 그려 주었으면 하는 바람뿐이었다.

17. 꿈꾸던 그곳으로 떠나다

　장승업은 말년으로 접어들면서 세세한 장식이 없는 기이한 그림들을 그렸다. 자연을 표현하는 필묵도 예전과는 달리 차분하고 담담하게 가라앉아 있었다. 게다가 비단에 채색을 한 〈산수 인물과 동물을 그린 8폭 병풍〉에서는 과감한 생략법을 통해 사물의 특성만을 과장되게 그려 냈을 뿐 화면을 채우던 세세한 묘사들은 보이지 않았다. 그저 중요한 부분만 안정감 있는 구도로 그려 놓았을 뿐 생동감이 넘치던 활달함은 사라지고 없었다. 금방이라도 어지럽게 날릴 것만 같던 매화 꽃잎이나 민첩하게 보이는 동물들은 더 이상 그의 그림 속에 등장하지 않았다. 과연 이 그림이 장승업의 그림이 맞나 싶을 정도로 적막하고 쓸쓸했다.

어쩌면 승업은 막연하게 자신에게 다가오는 죽음을 예견하고 있었는지도 모른다. 때문에 지천명이 넘어서면서부터 매나 닭의 그림도 예전 같지 않게 노쇠하여 털이 성글었고, 게다가 여러 마리가 아닌 달랑 한 마리만 그리곤 했다. 그 매나 닭은 더 이상 예전의 매나 닭이 아니었다. 눈빛이 날카롭거나 발톱이 매서우며, 금방이라도 먹잇감을 낚아챌 듯한 용맹스러움은 보이지 않았다. 그 새들의 응시는 더없이 쓸쓸했고, 가여웠다. 장승업의 매는 더 이상 나는 것을 꿈꾸지 않는 듯했다. 바위나 나뭇가지 위에 차분히 앉아서는 날개에 실었던 바람을 잠재우며 그렇게 다가올 시간을 기다리고 있는 듯 했다.

그 눈빛에는 먹잇감을 찾겠다는 열망보다는 단지 고단한 비행에서 벗어나 쉬고 싶다는 체념이나 순응만이 보였다. 예전의 장승업의 매는 눈과 부리와 발톱이 날카로워 그 발에 한번 채이면 살아날 수 없을 듯이 보였다. 아니, 그 눈빛에 걸려들기만 해도 오금이 저리는 듯했다. 그러던 매의 눈빛에도 쓸쓸함만이 묻어났다. 어디 그뿐일까.

그가 그린 그림에서도 지난날의 호방하고 치기 어린 자유분방함은 사라지고 없었다. 차분하고 담담하게 그려 넣은 나무와 사람들이 있었고, 자연의 풍경에서는 고즈넉함만이 자리하고 있었다. 정자가 있는 강가에서 배를 젓는 어부나, 오동나무를 바라보는 예찬(倪瓚: 중국 원나

라의 화가이며 시인)의 모습이나, 폭포 아래서 사슴을 바라보는 신선이
나, 매나, 모두 시선들이 온화하기만 했다. 그러다가도 장승업은 문득
채색이 화려한 그림을 선보이기도 했다. 아마도 지난날의 열정을 되새
기고 싶었다는 듯 이제까지 자신이 즐겨 사용하던 담채에서 벗어나 북
종화 풍의 진하고 화려한 채색으로 그림을 그리곤 했다. 그러나 채색
이 진해지는가 싶으면 또다시 담채만의 담백한 그림을 그렸다.

"선생님의 그림이 예전 같지 않습니다."
조석진이 조심스레 말했다.
"무슨 말을 하고 싶은 겐가?"
"예전의 매는 금방이라도 땅을 박차고 날아올라 먹잇감을 물어올 것
만 같았지만 지금의 매는 뭐랄까, 그저 모든 것을 초탈한 듯합니다."
이번에는 안중식이었다.
그들의 이야기를 듣고 있던 장승업은 가만히 눈을 감았다. 자신이
살아온 지난날들이 어슴푸레하게 떠올랐다가 사라졌다. 격정과 방황
의 나날들이었다. 일찌감치 혼자가 되어 여기저기를 떠돌던 자신이 그
나마 사람 행세하며 살 수 있었던 것은 그림 덕분이었다. 그림이 아니
었더라면 지금쯤 자신은 무엇으로 그 방랑기를 잠재우며 살아왔을까.
또 한편으로는 자신의 거침없는 말과 행동으로 다른 사람이 행여 상처
를 받지 않았을까 하는 걱정도 들었다.

"어디 불편한 데라도 있는 건 아니신지요?"

조석진이 장승업의 표정을 살피며 조심스럽게 물었다. 장승업의 얼굴이 여느 때 보다 더 까맣고 눈동자도 노랗게 물들어 있었다.

"아픈 데라니?"

"요즘 들어 안색도 좋지 않아 보이시고 어디 편찮으신 데라도 있는가 싶습니다."

"그런 거 없어."

장승업은 대수롭지 않게 대답했다. 그러나 사실 요사이 부쩍 몸이 피곤했다. 예전 같지 않게 그림 그리는 일도 힘에 부쳤다. 나이 탓이려니 하면서도 삶의 종착지에 다다랐음을 막연히 짐작할 수 있었다. 하긴 무모하리만큼 떠돌았던 지난날의 방랑과 그간 마셔댄 술이 뼈와 육신에 독이 되어 차곡차곡 쌓이고 쌓였을 테니 더 이상 버티기도 힘들 터였다.

장승업은 죽음이 자신에게 가까이 다가온 것을 깨닫고는 입버릇처럼 말했다.

"사람의 생사는 뜬구름과 같은 것인데, 앓는다거나 죽는다거나 장사를 지낸다거나 하면서 다른 사람을 번거롭게 할 필요가 무어 있겠나. 그냥 여기저기 떠돌다가 좋은 경치 만나면 그곳에 들어가 언제 간지 모르게 가면 그만인 것을……."

그랬다. 장승업은 자신이 꿈꾸던 곳이 바로 그곳이었고, 그곳에서의 죽음이 바로 꿈꾸던 죽음이었다. 좋은 경치는 곧 자신이 찾던 풍경이었고, 그 풍경은 곧 자신의 그림이었다. 자신은 그 그림 속에서 죽는 것과 다름없었다. 그저 그림 속의 한 풍경일 뿐이었다. 신비한 미소를 머금고 자연 속을 유유자적 거니는 신선처럼 자신 역시 그렇게 좋은 경치 속으로 숨어들어 아무도 모르게 죽음을 맞이한다면 더없이 좋지 않겠는가.

"피곤하구나. 좀 누워야겠다."

장승업은 자리에 누웠다. 조석진과 안중식은 장승업이 자리에 눕자 이불을 끌어다 덮어 주고는 조용히 밖으로 나갔다.

"이보게, 소림. 스승님이 안 보여."

그로부터 얼마 후 조석진이 황망한 표정으로 안중식을 찾아왔다.

"또 어느 주막에서 술을 드시고 계시겠지."

안중식이 긴가민가하는 얼굴로 대답했다.

"그렇다면 내가 이렇게 호들갑을 떨겠나? 이번에는 좀 이상하단 말일세. 변 대감께서도 스승님을 못 뵌 지가 며칠 됐다고 하네."

"며칠이라니?"

"글쎄. 다른 사람들도 스승님을 본 적이 없다고 하는데 걱정일세."

"관수동에는 가 보았고?"

"내 거기서 오는 길일세. 거기도 스승님은 계시지 않았어."

"허허, 또 어느 여염집에서 스승님의 그림을 얻기 위해 내준 말술에 취해서는 세상 돌아가는 줄 모르고 계실 테지. 공연히 쓸데없는 생각은 하지 말게나."

안중식은 조석진을 책망했지만 어쩔 수 없이 그의 어투에도 장승업에 대한 걱정이 배어 있었다.

"아무튼 나랑 스승님을 찾아 보세나."

"어디 가서 찾는단 말인가?"

"저잣거리 주막이라도 뒤져 봐야지. 행여 그곳에서 오다가다 스승님을 본 사람이 있을 수도 있지 않겠나."

안중식과 조석진은 그 길로 장승업을 찾아 나섰다. 하지만 장승업은 그 어디에도 없었다. 저잣거리 주막에도, 여염집에도, 장승업을 보살펴 준 양반들의 사랑방에도 그는 없었다. 게다가 장승업을 보았다는 사람도 없었다.

"늘 경치 좋은 곳으로 숨어버린다고 하시더니만 정말 그러하신 모양이네그려."

조석진과 안중식은 낮게 한숨을 내쉬었다.

관수동의 소실은 오원의 행방이 묘연하다는 소리를 듣더니만 눈물을 훔쳐냈다.

"자다가도 술이라면 벌떡 일어나는 사람이 술청에도 없다면 틀림없이 일이 잘못되었을 게야. 그래도 인사라도 하고 떠날 일이지. 사람이

무심해도 그리 무심할 수가 있을까?"

장승업이 사라졌다는 소문은 금세 장안으로 퍼졌다. 어떤 이는 논두렁을 베고 죽었다는 이야기를 했고, 또 한 일본 기자는 장승업이 신선이 되어 산으로 들어갔다는 소리도 했다. 하지만 누구도 장승업을 본 사람은 없었다.

살아서 기행으로 이름을 떨쳤던 것만큼이나 그의 죽음도 사람들 사이에서 화제가 되었다.

사람들은 모두들 그가 신선이 되어 산으로 들어갔다고 믿었다.

장승업의 나이 쉰다섯이 되던 해였다.

18. 장승업의 작품 세계

산수화

장승업은 처음에는 조선 말기에 유행했던 형식화된 남종 산수화를 그렸다. 그러나 20대 초반 무렵의 습작기를 지나면서부터 그는 형식화된 남종화를 거부하고 다양한 양식적 실험을 하였다. 장승업이 추구한 산수화는 살아 숨 쉬는 자연의 모습을 표현하는 것이었다. 끊임없는 사생과 실험으로 자연의 아름다움을 화폭에 옮기는 작업은 결코 만만치 않았고, 그럴수록 장승업은 자연 본래의 아름다움을 살리기 위한 노력을 게을리 하지 않았다.

장승업이 형식적인 남종화 풍을 거부했다고 해서 오랫동안 이어져

오던 산수화의 전통까지 무시한 것은 아니었다. 그는 자연의 살아 있는 모습을 화폭에 옮기되 머릿속에서 재구상하고 배치하는, 남종화의 전통도 일정 부분 계승했다. 뿐만 아니라 섬세한 필치와 짙고 다양한 채색의 북종 산수화도 선보임으로써 조선 후기의 산수화를 더욱 다양하고 풍성하게 만들었다.

장승업의 산수화는 이십 대의 수업기와 삼십 대의 습작기, 사십 대의 완숙한 경지로 접어들면서 완성되게 되는 독자적인 세계, 이렇게 세 단계로 나누어 볼 수 있다.

인물화

장승업의 그림 가운데 가장 중국적이라는 평을 받는 부분이 바로 인물화이다. 왜냐하면 그가 즐겨 그린 인물화에 등장하는 인물들이 대부분 왕희지나 도연명, 이태백, 예찬 등의 역사적 인물이거나 신선, 포대, 삼장법사 등 대부분 중국의 종교적 인물이기 때문이다. 장승업은 그들을 통해 진정한 인간상을 표현하려고 애를 썼다. 다시 말해 그들은 장승업이 흠모하던 인물들이었다. 돈과 권력에는 무심한 채 세상을 초월해 산 사람들이 바로 그들이었고, 또 그들은 깨달음의 대명사이기도 했다. 장승업은 그들을 통해 인간사의 허망함을 표현하려 했다. 때문에 그들의 미소는 신비로웠고, 표정은 평화로웠으며 안정감이 있었다.

장승업은 인물화의 소재는 중국에서 가져오되, 표현만큼은 독자적인 기법을 사용했다. 과장된 옷 주름과 신비한 미소는 그의 인물화의 큰 특징이자, 장점이었다. 특히 그의 인물화에서는 정미한 백묘법과 호방한 감필법과 파묵법 등이 자유자재로 구사되어 있다.

화조영모화

장승업이 가장 즐겨 그린 소재는 화조와 영모였다. 이 화조영모화에는 사군자와 파초, 소나무, 오동나무 등의 각종 꽃들과 나무가 곁들어지는데 이들은 대부분 병풍으로 많이 제작되었다. 후일 조선의 화단에 가장 영향을 끼친 분야가 바로 이 화조영모화이다. 그 가운데서도 〈호취도〉는 그의 천재성을 가장 잘 드러내 주는 작품으로 꼽힌다.

장승업의 화조영모화는 소재의 다양성과 함께 세밀한 관찰력과 꼼꼼한 묘사, 그리고 섬세하고 아름다운 채색은 물론 살아 있는 듯한 생동감으로 보는 이의 탄성을 자아내게 한다. 그의 기량이 가장 잘 나타나 있는 부분이 바로 이 화조영모화인 것이다. 특히 장승업의 화조영모화는 소재 상으로나 화법 상으로도 조선 시대 전통 회화의 총결산이라고 할 수 있다.

기명절지화

장승업이 화조영모화와 함께 가장 즐겨 그린 것이 기명절지화이다.

장승업의 기명절지화는 소재상 서양의 정물화와 비슷하지만 성격상으로는 판이하게 다르다. 정물화는 대상을 사실적으로 그려낸 것이지만 장승업의 기명절지화는 어떤 대상을 사실적으로 그리기보다는 자유롭게 대상을 표현한 것이다. 즉, 대상의 형태를 왜곡시키고, 시점을 자유롭게 이동해 배치함으로써 정물화와는 사뭇 다른 양식을 보여 주고 있다. 특히 자유로우면서도 분방한 필치의 파묵법과 음영법, 담채에다 사물의 적절한 구성은 그림의 생동감을 더해 준다.

장승업의 기명절지화는 정조 연간에 유행한 조선 시대의 책가도에 정물화와 민화의 전통이 가미되었고, 또한 당시 중국에서 새로 수입된 청 말의 조지겸이나 임이, 거소와 거림 형제들의 그림은 물론 세화나 길상화의 영향이 가미돼 형성된 것이다. 또 조선 후기 이래의 금석 골동 취미와도 맞물려 사람들에게 크게 인기를 끌었다.

19. 그가 남긴 업적

장승업의 가장 큰 업적은 전통 화법을 총결산했다는 점이다. 당시 조선은 500년이란 세월을 이어 오면서 찬란하게 문화를 꽃피웠지만 안팎의 갈등으로 국운이 급격히 쇠약해 가고 있었다. 문화 역시 스러져 가는 국운과 더불어 쇠퇴해 가고 있었다. 특히 조선 화단의 경우 안견이나 김홍도 같은 대화가들을 배출하였으나 후기로 접어들면서 뚜렷하게 두각을 나타내는 이가 없었고, 화단 또한 침체기를 맞고 있었다. 여기에 장승업의 등장은 조선 화단에 커다란 활력소가 되었다.

장승업은 어떤 한 가지 유파나 기법에 얽매이지 않고 다양한 화법들을 연구해 자신만의 세계를 이루었다. 당시 조선 화단은 남종문인화가 주를 이루었지만 그는 선배 예술가들의 길을 답습하지 않고, 남종문인화의 전통을 잇되 자신만의 세계를 구축하였다. 또 잊혀졌던 북종화법을 다시 선보임으로써 새로운 활기를 불러 일으켰다. 더욱이 그는 중국의 화법을 연구해 자신의 화법과 접목시킴으로써 결정적으로 조선의 화단이 발전하는 계기를 만들었을 뿐만 아니라 인물화와 산수화 화조영모화와 기명절지화 등 여러 분야에서 독창적인 예술 세계를 선보임으로써 후대의 본보기가 되었다. 특히 기명절지도라는 독특한 장르를 만들어냈으며, 다양한 양식적 실험과 끊임없는 사생을 통해 진정한 예술가의 자세를 보여 주었다.

장승업 연보

1843년	대원 장씨 무반 집안에서 출생.
1858년	장승업은 이때 이응헌의 집에서 더부살이를 한 것으로 추정.
1860년	최제우 동학 창시.
1862년	진주민란 발생.
1863년	12월 고종 즉위. 흥선대원군 이하응의 섭정 시작. 이때부터 이응헌의 배려로 그림을 그리기 시작. 혜산 유숙의 제자가 된 것도 이 무렵이다.

1864년	3월 동학 교주 최제우 효시.
1866년	7월 민치록의 딸이 왕비로 간택됨. 7월 제너럴 셔먼호 평양에서 소각. 8월 불란서 함대 강화도 침략 (병인양요). 9월 불란서 함대 강화도 점령.
1871년	3월 신미양요.
1873년	대원군이 섭정에서 물러남.
1875년	이 무렵 장승업은 오경석의 집에 드나들기 시작.
1876년	일본과 강화도조약 체결(개항).
1878년	〈산수도〉(김연준 소장) 창작.
1879년	〈산수도〉(서울대학교 박물관 소장) 〈10폭 병풍〉(고려대학교 박물관 소장) 창작.
1882년	임오군란. 장승업은 이 무렵 장가를 들었으나 첫날밤만 치르고 도망간다. 이 무렵부터 오세창과의 교류 시작.
1883년	소림 조석진과 심전 안중식의 제자로 들어 옴.
1884년	고종의 명을 받아 궁중에서 그림을 그리다가 채색을 사러간다며 도망간다. 현재 종로구 공평동 소재의 민영환의 집에서 그림을 그리게 된다.
1890년	〈쌍폭 병풍〉(서울대학교 박물관 소장), 〈산수 10곡 병풍〉(간송미술관 소장).

1891년	〈풍진삼협도〉, 〈신선도〉, 〈포대도〉, 〈가을〉 창작.
1894년	1월 동학 농민 운동. 6월 갑오개혁. 〈호취도〉 창작
1895년	2월 전봉준 처형. 8월 을미사변. 명성황후 시해. 이 무렵 오원은 청일 전쟁 때의 일본인 종군 기자 우미우라 아쯔야와 가깝게 지낸다. 〈기명절지〉(동산방 소장) 제작.
1896년	2월 아관파천.
1897년	이 해 10월에 고종은 황제 즉위식을 갖고 국호를 대한으로 고치고 연호는 광무로 정하다. 장승업 사망.